马列经典句读丛书

丛书主编—— 韦冬雪 孟宪平

《国民经济学批判大纲》句读

常青 —— 著

中央编译出版社
Central Compilation & Translation Press

图书在版编目（CIP）数据

《国民经济学批判大纲》句读／常青著．—北京：中央编译出版社，2023.12（2025.3 重印）
（马列经典句读丛书）
ISBN 978-7-5117-4557-6

Ⅰ．①国… Ⅱ．①常… Ⅲ．①恩格斯著作研究
Ⅳ．①A811

中国国家版本馆 CIP 数据核字（2023）第 240591 号

《国民经济学批判大纲》句读

责任编辑	彭永强　李媛媛	
责任印制	李　颖	
出版发行	中央编译出版社	
网　　址	www.cctpcm.com	
地　　址	北京市海淀区北四环西路 69 号　（100080）	
电　　话	（010）55627391（总编室）　　（010）55627308（编辑室）	
	（010）55627320（发行部）　　（010）55627377（新技术部）	
经　　销	全国新华书店	
印　　刷	佳兴达印刷（天津）有限公司	
开　　本	880 毫米×1230 毫米　1/32	
字　　数	183 千字	
印　　张	8.5	
版　　次	2023 年 12 月第 1 版	
印　　次	2025 年 3 月第 2 次印刷	
定　　价	68.00 元	

新浪微博：@中央编译出版社　　微　信：中央编译出版社（ID: cctphome）
淘宝店铺：中央编译出版社直销店（http://shop108367160.taobao.com）
　　　　　（010）55627331

本社常年法律顾问：北京市吴栾赵阎律师事务所律师　闫军　梁勤
凡有印装质量问题，本社负责调换，电话：（010）55627320

总 序

洞彻经典义理,体悟原著金句

经典著作是人类社会中最动人的集体记忆,它蕴含着巨大的能量和力量,它经纬于时空之中,回荡于精神之巅,引领过去以成理论景观,查察现实以解社会沉浮。马列著作是共产党人的经典圭臬,是蕴涵"理论乡愁"的源头,"根"与"魂"都在其中。阅读经典,可以追寻初心使命;检视理论,可以串接思想珠玑。反观20世纪初的中国,不是不想走出国运衰替的窘境,而是没有找到靠什么"走出"以及如何"走出"的路子,仅凭一知半解的西方"世变哲理",不能救大厦之将倾,全赖"实用科学",亦未能挽狂澜之既覆。俄国十月革命一声炮响,马克思主义传入中国,以匡时济世之伟力一扫社会之沉疴。习近平总书记在纪念马克思诞辰200周年大会上的讲话中强调:"共产党人要把读马克思主义经典、悟马克思主义原理当作一种生活习惯、当作一种精神追求,用经典涵养正气、淬炼思想、升华境界、指导实践。"马列经典著作作为马克思主义的重要载体,在21世纪的今天仍然焕发出强大的生命力,需要我们认真品读马列经典著作,好好吸收其真理的伟力,深刻领会马克思主义为什么行、中国化时代化的马克思主义为什么行。百年来,中国共产党之所以能够带领人民实现古老的东方大国从站起来到富起来再到强起来的历史飞跃、创造人类历史上前所未有的发展奇迹,归根到底就是因为马克思主义行、中国化时代化的马克思主义行。站在新的历史起点,我们正面临全面推进中华民族伟大复兴和中国式现代化的战略任务,坚持马克思主义科学理论指导仍然是我们把握历史主动的根本所在,仍然需要我们"用马克思主义观察时代、解读时代、引领时代"。这要求我们"把读马克思主义经典、悟马克思主义原理当作一种生活习惯、当作一种精神追求,用经典涵养正气、淬炼思想、升华境界、指导实践"。

读原著,必须是全面读、系统读。必须进入经典文本内部读,大而无当的探讨无助于学术思想的积累,也谈不上对现实问题有深刻的洞见,只有下功夫做一些梳理、考证的工作,据此获得的对马克思主义的理解才会更客观、更深入。如果把自己局限起来,生活在封闭的区域中,在空间上越不出地域疆界,在认识上越不出思想边界,不知道山那边有什么,不知道海对岸有什么,不知道"世外桃源"的人在干什么,也是难以追赶时代潮流的。用现实的优裕生活消磨思想的激情,不是新时代青年的作风。站在马克思主义思想的基点上,为人类的解放论证,是我们无可旁贷的使命。

学原文,即在全面系统读原著的基础上,把理论学习和时代发展结合起来,以达到走深、走实、走心的目的。只有学原文,才能抓住理论的精神实质和核心要义,才能不断章取义、不走样，同时还要把学习马列经典著作与学习党的创新理论，特别是与学习习近平新时代中国特色社会主义思想紧密结合起来。习近平新时代中国特色社会主义思想是对马克思列宁主义、毛泽东思想、邓小平理论、"三个代表"重要思想、科学发展观的继承和发展，是当代中国马克思主义、21世纪马克思主义，是党和人民实践经验和集体智慧的结晶，是中国特色社会主义理论体系的重要组成部分，是全党全国人民为实现中华民族伟大复兴而奋斗的行动指南，必须长期坚持并不断发展。

悟原理，就是将原文学习置于中华民族伟大复兴战略全局和世界百年未有之大变局中，与新时代中国特色社会主义伟大实践紧密结合。要深刻领悟当代中国马克思主义、21世纪马克思主义对马克思主义哲学发展的创造性贡献。习近平新时代中国特色社会主义思想就是在不断推进马克思主义基本原理同中国具体实际相结合、同中华优秀传统文化相结合形成的重要理论和实践创新，为推进马克思主义中国化时代化做出了历史性贡献。

句读是学习马列经典著作的入门功夫。经典句读不是简单复述原著的思想观点，不是没有理论建树，更不是有意回避现实问题。经典句读虽然不构成马克思主义研究的全部内容，但它是这种研究的基础工作。经典句读只有不随波逐流，不追逐时尚，同时又拥有问题意识、当代眼光，才能有超越文本的更宽广的视域和高度。既然讲句读，就离不开语法修辞，浪漫式的表达、悲剧式的表达、喜剧式的表达、讽刺式的表达以及转喻式的表达，所使用的语法和句法各不相同。中国古代有"言语之美，穆穆皇皇""言之无文，行而不远"，马列经典著作也有语义、语法、句法上的选择。编写《马列经典句读丛书》，意在振叶寻根、观澜索源，陶铸性情以明理论辉光，功在社会以解思想疑惑，语言美和意境美是少不了的，但绝不苛求一韵之奇和一字之巧。做好马列经典句读工作，要把说法、想法和做法统一起来，要把经验、教训和思路统一起来，要把过去、现在和未来统一起来。马列经典著作是情义互现的，忠实文本和兼顾义理辞章，是必须坚持的原则。

因此，只有全面系统地读原著、联系实际学原文、从经典中悟原理，我们才能把握马列经典著作中博大精深的理论及其精髓。马克思曾说："批判的武器当然不能代替武器的批判，物质的力量只能用物质的力量来摧毁；但是理论一经群众掌握，也会变成物质力量。"从2019年伊始，我们撰写的《马列经典句读丛书》陆续出版，该丛书已成为广大青年学生、党员干部开展经典著作研读的重要参考书。通过对经典著作的逐字逐句阐释，帮助青年学生和党员干部理解、把握马列经典著作的精髓，掌握马克思主义世界观和方法论，为中国特色社会主义建设、实现中华民族伟大复兴提供理论支撑。

丛书主编
二〇二二年十一月

前言

经典著作，常读常新，且每次都能感觉茅塞顿开。《〈国民经济学批判大纲〉句读》的成书源于以下三个深刻感受：

第一，《国民经济学批判大纲》是把握马克思主义理论体系的一个入口。很多人对庞大的马克思主义理论著作望而却步，而《国民经济学批判大纲》则提供了一条捷径。该篇在《马克思恩格斯选集》中排在《〈黑格尔法哲学批判〉导言》之后，于《1844年经济学哲学手稿（节选）》之前，其地位可见一斑。《国民经济学批判大纲》与另两篇不同，它的侧重点不在哲学，而在于对当时流行的经济学说进行系统批判，开启了马克思主义政治经济学研究的篇章。《国民经济学批判大纲》是马克思恩格斯其他著作的重要灵感来源之一，刺激马克思写出了一系列政治经济学著作，包括被称为"工人阶级圣经"的《资本论》。因此，《国民经济学批判大纲》串联着马克思恩格斯相当多的重要作品，主要包括《1844年经济学哲学手稿》《关于费尔巴哈的提纲》《哲学的贫困》《共产党宣言》《〈政治经济学批判〉序言》《资本论》《社会主义从空想到科学的发展》等。为此,《〈国民经济学批判大纲〉句读》通过遍览《马克思恩格斯全集》,在"第三部分 延伸阅读 经典著作选编"中尽可能全地汇总了与《国民经济学批判大纲》直接相关的内容,总共分为十二项,以方便大家研读。

第二,《国民经济学批判大纲》是理解马克思恩格斯核心思想的一把钥匙。很少有人探讨马克思主义理论的核心范畴,《共产党宣言》揭示了这个秘密,它说:"共产党人可以把自己的理论用一句话表示出来:消灭私有制。"而这一观点的提出最早见于《国民经济学批判大纲》,其曰:"这一切我们都看到了,这一切都促使我们要用消灭私有制、消灭竞争和利益对立的办法来结束这种人类堕落的现象。"于是,马克思才有了他在《关于费尔巴哈的提纲》中的经典名言:"哲学家们只是用不同的方式解释世界,问题在于改变世界。"他们所要改变的世界就是资本主义,就是要消灭资本主义私有制,而"资本,即剥削雇佣劳动的财产,亦即只有在不断产生出新的雇佣劳动来重新加以剥削的条件下才能增加起来的财产"。《国民经济学批判大纲》在《共产党宣言》之前已经讲过:"这种财产的集中是一个规律,他同所有其他的规律一样,都是私有制所固有的;中等阶级必然愈来愈多地被消灭,直到世界分裂为百万富翁和穷光蛋、大土地占有者和贫穷的短工为止。"为了论证共产主义的可行性,马克思写出了它的鸿篇巨作《资本论》,从资本财产这一根源论证了资本主义私有制消亡的必然性。《资本论》的全称是《资本论:政治经济学批判》,而《国民经济学批判大纲》在很多时候也称为《政治经济学批判大纲》,"国民经济学是当时德国人对英国人和法国人称做政治经济学的资产阶级政治经济学采用的概念。"政治经济学是连接马克思主义哲学和科学社会主义的主干,由此马克思恩格斯从财产出发,在私有制、商业、竞争、劳动、资本、价值、生产方式等范畴的基础上对资本主义现实进行了系统而科学的批判,使哲学共产主义变成了科学共产主义。

第三,《国民经济学批判大纲》是恩格斯天才思想的集中体现。马克思在《〈政治经济学批判〉序言》中称该书为:"批判经济学范畴的天才大纲。"它充分证明恩格斯是一位伟大的经济学家。回到恩格斯写作《国民经济学批判大纲》时的情况来看,更能说明他是一位天才。恩格斯出生于 1820 年,而《国民经济学批判大纲》写于 1843 年—1844 年间,时年 23 岁。此时的恩格斯不仅年龄小,而且未上过大学,就连高中也仅读过一年。他当时的主要经历是按照家庭的要求从事商业活动。或许正是得益于此,恩格斯敏锐地观察到了当时流行的经济学说(经济学、政治经济学、国民经济学)较于其经商实践的荒谬性,所以能够写出《国民经济学批判大纲》这一不朽的名篇。

于是,在以上三点的感召和激励下,我从财产哲学的视角出发,对伟大先师的杰作进行了句读。期与各位读者共享!

目 录

第一部分 《国民经济学批判大纲》写作的基本情况 …………… 1
    一、写作背景 ……………………………………………… 3
    二、内在逻辑及主要内容 ………………………………… 31
    三、传播概况 ……………………………………………… 36
    四、研究现状 ……………………………………………… 40

第二部分 《国民经济学批判大纲》全文句读 …………………… 63
    一、新经济学批判句读 …………………………………… 65
    二、价值和生产费用批判句读 …………………………… 80
    三、资本财产私有制度批判句读 ………………………… 99

第三部分 延伸阅读 经典著作选编 ……………………………… 133

参考文献 ……………………………………………………………… 248

后 记 ………………………………………………………………… 257

第一部分

《国民经济学批判大纲》写作的基本情况

一、写作背景

(一) 社会历史背景

18、19世纪的资本主义和无产阶级运动都有了较大的发展。一方面,以资本主义国家为中心的资本主义世界体系已确立,主要的资本主义国家进入了垄断资本主义即帝国主义阶段。另一方面,由于资本家的剥削,工人的工作环境和生活环境十分恶劣,资产阶级同无产阶级的矛盾日益加深。恩格斯出生于巴门的名门望族,恩格斯的曾祖父曾创办一个纺织工厂,到恩格斯的父亲手上时营业规模扩大,在巴门和英国曼彻斯特创立了新工厂,从小就生活在工厂之内的恩格斯既看到了资本主义发展,又见证了无产阶级的悲惨命运,这对恩格斯的思想产生了重要影响。

1. 资本主义的发展

恩格斯《国民经济学批判大纲》写于1843年底到1844年1月间。17、18世纪,世界历史继承前一时期的巨大变化与转折,在欧洲,封建主义的基础受到冲击,资产阶级革命的时代来临,继尼德兰革命之后,英国爆发了资产阶级革命,为资本主义制度的确立开辟了新的道路,欧洲主要的封建国家也陆续进行改革,这一时期,新航路的开辟使得欧美主要的资本主义国家进一步加快了殖民扩张的步伐,英国成为当时世界上最大的殖民国家。同时,由于启蒙运动的发展,法国爆发了轰轰烈烈的大革命,摧毁了封建专制统治,资产阶级开始掌握政权。与英国、法国不同,19世纪早期,德意志一些地区开始工业革命,但是,四分五裂的政治局面严重阻碍了德意志工业革命的进程,俾斯麦凭借着"铁血政策"成功将德国统一,德国由此建立资本主义社会秩序。

(1) 英国资本主义的发展与弊病显露

资本原始积累的完成为英国资本主义的形成与发展奠定了厚实的基础。15世纪70年代,英国就开始了资本的原始积累,进行了轰轰烈烈的圈地运动,它是"英国资本主义原始积累的主要方式之一,它构成了资本主义原始积累全部过程的基础"①。圈地运动导致了农村雇佣劳动力从半无产者向无产者的转变,使得英国农村首先出现了资本主义的萌芽——早期的无产者。圈地运动破坏了封建的生产关系,这为英国资本主义生产方式提供了便利的条件。一大批一无所有的无产者成为了可雇佣的劳工,成为了资本主义生产方式的服务者,"他们变成了彻底的工资劳动者,转而依靠反复无常的、不稳定的雇主。被圈占的村庄无论发生在哪里,他总是被迫回忆起自由的丧失,而他唯一存在的单一目的就是为别人的意志而服务"。②就这样,圈地运动使得这一时期的英国半无产者成为了彻底的无产者,这些农民在迫不得已的情况下完成了他们向资本主义无产雇工的转变。同时由于农民两极分化的问题,也有一部分农民摇身一变成为富裕农民,也就是富农

---

① 戚国淦、陈曦文:《撷英集——英国都铎史研究》,北京:首都师范大学出版社1994年版,第24页。

② THIRSK J. The Agrarian History of England and Wales Vol. IV. 1500-1640 [M]. Cambridge: Cambridge University Press, 1967: 174.

阶层，他们的生活来源主要是租种土地。另外，在英国中世纪晚期英国乡村出现了对农业进行大胆革新和利用聚集的资金进行市场生产的阶级——乡绅阶级。富农阶级和乡绅阶级虽然地位上有所差别，但存在着共同利益，都希望发展资本主义市场经济，所以相当于早期的农业资本主义家。除了资本主义农产，早期英国也出现了资本主义性质的乡村工业等。

君主立宪制的确立为英国资本主义的发展提供了政治保障。17世纪斯图亚特王朝专制统治阻碍了资本主义的进一步发展，这成为了英国资产阶级革命爆发的根本原因，光荣革命后英国推翻了封建统治，后经《权利法案》限制了王权，确立了君主立宪制。

对外贸易的发展为英国资本主义的发展扩充了厚实的物质基础。16世纪下半叶起，奉行重商主义的英国开展海外贸易，极具代表性的东印度公司和哈德逊公司在海外建立，同时英国也开始了血腥的海外扩张，这样的文明与野蛮的扩张使大量的财富和货币源源不断的流回英国，为英国资本主义的发展提供了强大的物资基础和大量自由的劳动力。

随着第一次工业革命的开展与完成，英国资本主义进入自由主义的快速发展阶段。第一次工业革命是由生产工具的转变开始的，随着后期人类科技的进步、劳动技术的创新，在人们的劳动生产的环境当中，机器逐渐取代人工劳动力，被广泛应用于生产中，此时人们的生产力有了极大的提高。因此，第一次工业革命不仅仅是生产工具的革命，更是社会性质转变的标志。由于曾经的所有纯手工的工厂都被新的机械化工厂逐渐代替，因此大批量曾经的手工从业者都面临着失业的窘境。工人们因为有钱的贵族阶层疯狂开办工厂进行加工生产而遭到压榨和剥削，自此以后，无产阶级与资产阶级慢慢演变成为了对立的两个阶级。后来，随着时间的推移，资本主义经济愈发发展迅猛，于是资本家变本加厉地压榨剥削工人们，以此达到为自己谋取更大财富的目的，这无疑加剧了资产阶级与工人阶级之间的矛盾。

值得注意的是，第一次工业革命首先是在英国发生的，后来逐步遍及了整个欧洲大陆，18世纪60年代起，英国从棉纺织业技术革新开始以瓦特蒸汽机的改良和广泛使用为枢纽，以19世纪30、40年代机器制造业机械化的实现为基本完成的标志。英国工业革命的主要表现是大机器工业代替手工业，机器工厂代替手工工场，革命的发生并非偶然，它是英国社会政治、经济、生产技术以及科学研究发展的必然结果，它使英国社会结构和生产关系发生了重大改变，生产力迅速提高，这次革命从开始到完成，大致经历了一百年的时间，影响范围不仅扩展到西欧和北美，推动了法、美、德等国的技术革新，而且还扩展到东欧和亚洲，俄国和日本也出现了工业革命的高潮，它标志着世界整体化新高潮的到来。工业革命的完成不仅加速提高了社会生产力，与此同时促进了商品经济的发展，而各个国家之间由于商品的流通，联系也变得越来越密切。此时，第一次的工业革命正式在世界范围内开展，国际化贸易也自此形成。

第一次经济危机在1825年的英国爆发了，这场危机就如同瘟疫一般。自此，资本主义各个国家开始不间断地发生周期性经济危机。1825年7月，英国爆发了第一次周期性普遍生产过剩的经济危机。这次危机是从货币危机开始的。当时,股票行情猛烈下跌,到1826年初,股票跌价造成的损失约达一千四百万英镑。信用关系被破坏,银行纷纷倒闭。1825至1826年间,英国有七十多家银行破产。1825年底,著名的英格兰银行的黄金储备从1824年底的1070万镑降至120万镑。1826年工业危机达到高潮,大量商品卖不出去,物价暴跌,大量工商企业破产。据统计,1825年10月至1826年10月,破产的工商企业达到三千五百多家。1824至1826年间,英国当时重要的出口产品棉布出口从3.45亿码降为2.67亿码,即减少了23%。机器制造业、建筑业以及其他几乎所有的行业都遭到了危机的沉重打击。整个社会经济处于极度的恐慌和混乱之中。资本主义经济的生产过剩,只是相对过剩,指相对于劳动人民的支付能力而言是过剩了。当时,一方面,市场上大量商品卖不出去;另一方面,工人大量失业,在职的工人工资也大幅度降低,工人无钱购买商品。此后,平均大约每隔十年左右,就要发生一次经济危机,如1837年、1847年、1857年和1866年。其他资本主义国家也不同程度地爆发了经济危机。这场危机无疑是加深无产阶级与资产阶级之间矛盾的导火索。在这种危机中大部分的工人都处于无业的状态,很多的工人在饥寒交迫的状况下被抛向街头。即便是在业的工人,他们的工作条件也因此变得日益恶化,被剥削和压迫的状况变得愈发严重。

(2) 法国资本主义发展具有革命性

法国的资本主义发展在革命中进行。1789年爆发的资产阶级大革命是法国历史上的一个重要分水岭。这次革命结束了法国延续了一千多年的封建统治，开启了资本主义的建立和发展时期。此后，法国政治风云多变，阶级力量对比关系不断变化，经历了君主立宪制、帝制和共和制的多次反复更替的过程。

大革命后，法国制宪议会通过了 1791 年宪法，确立了君主立宪政体，并赋予国王很大权力。1792 年在人民的压力下，国民公会废除君主立宪制，建立了共和制，成立了法兰西第一共和国。1793 年雅各宾派政府颁布宪法。宪法规定，法国是统一不可分割的共和国；实行三权分立；确立议会共和制，最高立法机构为一院制的立法会议，议员由年满 21 岁的男子普选产生；最高权力机构是由 24 名成员组成的执行会议，成员由各省的选民会议选出。公民除享有《人权与公民权宣言》规定的权利外，还享有劳动权、受教育权、获得社会救济权，以及对侵犯人权的政府的起义权。虽然由于法国政局多变，这部宪法未能实施，但法兰西第一共和国的建立，彻底摧毁了封建主义政治制度，初步确立了近代法国资本主义政治制度。

1794 年 7 月发生了反革命的热月政变，雅各宾派政府被推翻。1795 年大资产阶级通过宪法，废除了普选权、直接选举制和一院制，立法权属于两院制的立法会议，行政权属于督政府。1799 年拿破仑·波拿巴发动雾月政变上台，集大权于一身。1804 年拿破仑建立帝制，以第一帝国取代了第一共和国。在随后的工业革命影响下，第二共和国、第二帝国相继建立，政权在反反复复的革命和政变中不断交替，整体表现为真皇权、虚议会的特点。

这种混乱的更迭交替一直持续到 1870 年，拿破仑三世在普法战争中溃败，9月4日革命爆发，巴黎人民推翻帝制，宣布共和，法兰西第三共和国诞生。接着，国民议会通过了1875年宪法，确认实行共和政体。1879年，共和派当选法国总统，复辟力量被彻底击溃，资产阶级共和制度在法国最终确立。第二次世界大战后，法国相继建立了第四共和国和第五共和国。它使法国资本主义政治制度得到进一步发展，使法国共和政治体制臻于完善。

值得一提的是，法国的变革与英国大不相同，马克思主义将英国"地主大地产——租地资本家——农业雇佣工人"三层阶级结构式的资本主义雇佣制大农业看做是现代化农业的典型形态，而把法国式的小农资本主义演进道路看做是一种过渡形态，大革命前的法国农业即产品生产主要靠小农进行、另有少量农场参与的农业，虽然已有一些不足，但其正常的商品生产力基本上能够满足当时市场的需要。这意味着大革命要强行整合小农土地发展大农场的先决条件之一根本就是不存在的。如此一来，如果仍要强行整合小农土地发展大农场，只会使得土地变革成为无谓的且会伤害农业正常运作的变革。所以，大革命未剥夺小农土地发展大农场的首要原因，是因为当时仍缺乏大幅提升法国农业商品生产力的市场需求这一必要性。

"革命的法国范式"是在欧洲中世纪比较典型的封建土地所有制基础上发展近代农业资本主义的具有普遍性的演进道路，这种建立在小块土地所有制基础上的小农资本主义经济缺乏农民与土地分离的退出机制，不仅"剪断了法国农村资本主义的翅膀"，而且严重地阻碍和拖延了法国从传统农业国转变为现代工业国的历史进程。①

(3) 德国资本主义发展具有不同于英法等国的独特性

由于德意志民族长期封建分裂及长年战争，加上德国新兴资产阶级软弱，封建阶级、地主和军阀势力强大，以及德国只有革命的理论而没有革命的实践现状，德国资本主义发展与英、法相比，起步较晚，姗姗来迟。但是，德国却后来居上尤其是在俾斯麦实现德意志民族统一之后，资本主义经济发展很快，从19世纪70年代开始，出现突飞猛进的飞跃，经过30年时间完成了英国用100年时间才完成的事业，很快将一个落后的农业国变成一个现代化的高效率的工业国，并在此过程中形成了区别于别国的具有自己独特性的资本主义。

这种独特性指的是德国是通过改革而非革命进入资本主义社会的。从农业资本主义发展到工业资本主义发展自上而下的具有资本主义性质的改革发挥了重要作用。

德国的资本主义兴起于18世纪中叶，工业革命始于1830年，在英国和法国工业革命如火如荼开展的时候，德意志民族还处于邦国林立的封建分裂割据状态，是一个落后的农业社会。巨大的工业革命浪潮使德意志民族坐立不安，加之拿破仑战争的铁蹄，使德意志的普鲁士邦在19世纪初引发了施泰因、哈登贝尔的改革，破除了传统的封建农业体制。这场改革使普鲁士迈上了农业资本主义道路。

德国农业资本主义的确立，走的不是美国式的道路，即新兴

---

① 张新光：《农业资本主义演进的法国式道路及其新发展》，载《学海》，2009年第2期，第104—111页。

资产阶级用暴力废除封建土地占有制和剥削关系，建立自由农民在自有土地上的自由经济，而是列宁称之为的"普鲁士道路"，即旧生产关系的代表容克地主为适应资本主义的发展，通过允许农民赎卖封建义务，来调整农村的阶级关系，用资本主义剥削手段，代替农奴制剥削手段，容克地主自身逐渐资产阶级化。容克地主利用赎买封建义务，掠夺了农民大量的赎金和土地，逐渐地把自己的庄园改造为雇佣劳动和使用机器的资本主义农场。农业资本主义道路为整个工业发展提供了巨额资金和廉价劳动力，为德国工业化打下了坚实的基础。

19世纪20年代，德意志民族开始了工业革命。英、法工业革命是在成功的资产阶级革命和建立的资产阶级政权推动下实现的。而德意志民族虽然在西欧资产阶级革命影响下，于1848年也爆发了资产阶级革命，但由于封建势力强大和资产阶级的软弱，德意志民族没有实现统一，也没有建立资产阶级的民主共和政权。德国从封建社会向资本主义社会过渡是通过自上而下的具有资产阶级性质的改革逐渐实现的。农业资本主义的"普鲁士道路"对整个德国工业化产生了重大的影响。这一道路是在欧洲工业化潮流由西渐东的冲击下，德意志容克封建势力改革的产物。它使德国社会形成了一个以封建势力为主导地位的容克资产阶级，对德国资本主义社会的未来走向产生着重大的影响。

因此，德国资本主义的发展，走的是一条不同于英国、法国、美国为首的西方模式的独特道路。

2. 无产阶级的崛起

17至19世纪资本主义得到了空前的发展，随着工业革命的深入开展，资本主义得到迅速发展，同时资本主义制度的各种弊端也日益凸显，自1825年英国爆发的第一次全球性资本主义经济危机以后，大概每隔十年，资本主义国家就发生一次经济危机，这严重破坏了社会经济。与此同时，广大工人为了改善恶劣的劳动条件和生活状况，同资本家展开了多种形式的斗争，工人运动逐渐兴起。

(1) 工人的悲惨现实

恩格斯童年和少年时代生活过的巴门和爱北斐特就是新兴工业的中心，19世纪30年代，巴门和爱北斐特大约有4万人，中小型工厂200家，当时工业很发达，棉纺织品远销国内外，有"德国的曼彻斯特"之称。同时在恩格斯生长的这片土地，资本主义工业发展的灾难随处可见，机器人工业摧毁了以手工劳动为基础的手工作坊和家庭工业，把大批手工工人抛向街头，工厂工人工资低微，劳动条件极其恶劣。工厂主对工人进行极其残酷的剥削，工人被迫在低矮的厂房和浑浊的空气里劳动，"只消过上三年这样的生活，就会在肉体上和精神上把他们葬送掉，五个人就会有三个人因肺结核死去"①，资本家为了榨取更多的利润，大量雇佣童工，"下层阶级，特别是乌培河谷的工厂工人，普遍处于可怕的贫困境地；梅毒和肺部疾病蔓延到难以置信的地步；光是爱北斐特一个地方，2500个学龄儿童就有1200人不能上学，而是在工厂里长大的，这只是便于厂主雇用童工而不再拿双倍的钱来雇用被童工代替的成年工人。但是大腹便便的厂主们的良心

---

① 《马克思恩格斯全集》(第一卷)，北京：人民出版社1979年版，第97、498页。

是轻松愉快的，虔诚派教徒的灵魂还不致因为一个儿童如何衰弱而下地狱……"① 相同的是在英国，资产阶级为了获得更多的剩余价值，大量使用童工和女工。1839 年，英国工人之中，未成年的童工和成年女工合计占全部工人的 3/4，劳动者家庭的全体成员都成为了资本家直接剥削的对象。"那种为资本家利益的强制劳动，不但把儿童游戏的地位剥夺了，并且把到得界限内，如家族自身，在家庭范围内自由劳动的地位剥夺了。"② 恩格斯在《大纲》中批判自由主义经济学时写下 "共同利益的最后痕迹，即家庭的财产共有被工厂制度破坏了，至少在这里，在英国已处在瓦解的过程中，孩子一到能劳动的时候，就是说，到了九岁，就靠自己的工钱过活，把父母的家只看做一个寄宿处，付给父母一定的膳宿费"③。

"全区在十个当家人当中，很难找到一个除了工作服外还有其他衣服的人，而且工作服也是破破烂烂的；他们中有许多人，除了这些破烂衣服，晚上就没有什么可以盖的，他们的床铺也只是装着麦秸或刨花的麻袋。"④

1839 年 3 月恩格斯第一篇政论文《乌培河谷来信》刊载在青年德意志的机关报《德意志电讯》上，在该文之中，恩格斯揭露了资本主义制度的剥削罪恶和虔诚主义的伪善目的。与此同时，

---

① 《马克思恩格斯全集》(第一卷)，北京：人民出版社 1956 年版，第 498—499 页。
② 《资本论》(第一卷)，北京：人民出版社 1952 年版，第 477 页。
③ 《马克思恩格斯文集》(第一卷)，北京：人民出版社 2009 年版，第 63 页。
④ 恩格斯：《英国工人阶级状况》，北京：人民出版社 1956 年版，第 64—65 页。

在乌培河谷生活的情景，资本主义工业的发展给工人阶级带来的灾难，劳动人民可怕的普遍贫困，促使着恩格斯后来去深入探讨资本主义制度的本质。

（2）工人运动的兴起

面对资产阶级的壮大以及剥削的日益加深，广大工人阶级奋起反抗，最初的工人运动是单个工人自发的斗争，例如捣毁机器，之后是一部分工人秘密结成社团，互相支持；从 20 年代开始，工人阶级为了争取工资、缩短劳动时间、改善劳动条件的斗争犹如雨后春笋冒出，19 世纪的三四十年代，无产阶级工人运动从经济斗争演变到政治斗争的新阶段逐步开始，这无疑是无产阶级斗争的一大进步。工人们开始政治罢工，并提出了政治要求和口号，为了推翻资产阶级的压迫，更是达到了武装起义的程度。武装斗争作为组织使用武装力量进行的斗争，是斗争的最高形式。法国里昂工人起义、英国宪章运动、德国的西里西亚纺织工人起义这三大起义标志着工人运动新阶段的到来，这些都是三、四十年代在欧洲发起的。历史上这三次大的工人起义运动，表现出欧洲无产阶级强大的力量和不畏强权的精神，它们标志着作为独立政治力量的无产阶级已经登上了历史舞台，并以此向世人传达了工人阶级为自己的利益而努力斗争的意志。纵观整个历史阶段，无产阶级工人们斗争起初的原因是改善生活条件，后来逐渐发展到为自身争取政治权利，斗争行动从起初对个别资本家的抗争到大规模的群众性政治运动，甚至于发动武装起义。但是因为无产阶级工人缺少科学方面的理论性的指导，所以工人阶级反抗资产阶级的革命屡战屡败，事实证明客观的历史形势要建立在社会主义科学理论的基础上,并将其与工人运动实践相结合,才能迎来斗争的胜利。

(3) 恩格斯对工人运动的认识

恩格斯在曼彻斯特生活期间,正是英国宪章运动高潮时期,伦敦工人协会规定凡年满21岁的男子都有普选权、议会每年改选一次、实行秘密投票等六项要求。1838年往后的四年,宪章运动达到了顶点,而恩格斯也会积极参加宪章派的活动,并且敏锐地认识到"宪章主义是工人反抗资产阶级的集中表现"[①],并且,恩格斯在曼彻斯特时,常常参加工人们的演讲会和讨论会,倾听工人们对于政治、宗教、经济等方面的报告。他曾写下"他们没受过教育,但他们也没有偏见,他们还有力量从事伟大的民族事业,他们还有前途"[②]。虽然恩格斯同马克思一样不加入任何一个组织,但是在他的内心早已表明对无产阶级的伟大历史使命的认同。

在英国期间,恩格斯认真研究英国的历史和现状,实地观察各阶级的生活和相互关系,掌握了关于英国历史和英国民族特性的本质、特别是英国阶级斗争的大量材料。透过眼前的事物和现象,恩格斯深入探讨资本主义制度的内在规律和必然联系,更加坚定地站到工人阶级的立场上。

《大纲》的写作表明恩格斯已经站在了工人阶级的立场上维护劳动者的利益。"一部分资本在以难以置信的速度周转,而另一部分工人却无所事事,无活可干,活活饿死。或者,这种分立

---

① 《马克思恩格斯全集》(第二卷),北京:人民出版社1956年版,第516页。
② 《马克思恩格斯全集》(第一卷),北京:人民出版社1956年版,第628页。

现象并不同时发生：今天生意很好，需求很大，这时，大家都工作，资本以惊人的速度周转着，农业欣欣向荣，工人干得累倒了，而明天停滞到来，农业不值得费力去经营，大片土地荒芜，资本在正在流动的时候停滞，工人无事可做，整个国家因财富过剩、人口过剩而备尝痛苦。"①

3. 国民经济学的发展

早期恩格斯经济思想来源有亚当·斯密、大卫·李嘉图、麦克库洛赫、穆勒等，他们是英国古典政治经济学的代表人物，《大纲》中可以看出恩格斯早期受到古典政治经济学的影响，研究了价格、价值、竞争、垄断、利润、地租等相关问题，利用科学因素分析理论中的合理部分，弃其糟粕，为马克思在《1844年经济学哲学手稿》和《资本论》的撰写提供了思路和理论武器，马恩共同创立了无产阶级政治经济学，并分析了古典政治经济学与其本质上的不同之处。

(1) 重商主义

①国富论

1776年亚当·斯密《国民财富的性质和原因的研究》

《国富论》认为人的本性是利己的，追求个人利益是人民从事经济活动的唯一动力。同时人又是理性的，作为理性的经济人，人们能在个人的经济活动中获得最大的个人利益。如果这种经济活动不会受到干预，那么，经由价格机制这只"看不见的手"引导，不仅人们会实现个人利益的最大化，更大的市场能造

---

① 《马克思恩格斯全集》（第三卷），北京：人民出版社2002年版，第464页。

就更细致的分工,能形成更有效的交换,还能推动公共利益。"亚当·斯密开始从事这种挖空基础的工作,他在1776年发表自己的《国民财富的性质和原因的研究》,从而创新了财政学。全部以前的财政学都纯粹是国家的;国家经济仅仅被看做全部国家事务中的一个部门,从属于国家本身;亚当·斯密使世界主义服从国家的目的并把国家经济提升为国家的本质和目的。他把政治、党派、宗教,即把一切都归结为经济范畴,因此他认为财产是国家的本质,致富是国家的目的。"①

②大卫·李嘉图

受亚当·斯密《国富论》的影响,李嘉图在1817年完成《政治经济学及赋税原理》,以边沁的功利主义为出发点,建立起了以劳动价值为基础,以分配论为中心的理论体系。李嘉图继承并发展了斯密的自由主义经济理论。他认为限制政府的活动范围、减轻税收负担是增长经济的最好办法。他继承了斯密理论中的科学因素,坚持商品价值由生产中所耗费的劳动决定的原理,并批评了斯密价值论中的错误。他提出决定价值的劳动是社会必要劳动,决定商品价值的不仅有活劳动,还有投在生产资料中的劳动。他认为全部价值由劳动产生,并在3个阶级间分配:工资由工人的必要生活资料的价值决定,利润是工资以上的余额,地租是工资和利润以上的余额。由此说明了工资和利润、利润和地租的对立,从而实际上揭示了无产阶级和资产阶级、资产阶级和地主阶级之间的对立。

---

① 《马克思恩格斯文集》(第一卷),北京:人民出版社2009年版,第105页。

③约翰·雷姆赛·麦克库洛赫

麦克库洛赫认为动物、机械和自然力都是劳动，都能创造价值，并宣扬工资基金论、销售论、补偿论等理论。在所著《政治经济学原理》中提出"木桶葡萄酒"发酵过程是否属于劳动的问题，引发所得分配问题的争论，给经济学界带来长达半个世纪关于劳动价值论合理与否的争论。他用真实价值和相对价值的不一致来说明利润，证明了劳动和资本的交换与劳动价值并不矛盾，为马尔萨斯的"让渡利润"说提供了根据；指出不仅积累劳动价值，动物和自然力都是劳动，都创造价值，证明了平均利润和劳动价值并不矛盾，从而为萨伊的三要素论提供了根据。他还提倡工资基金论、销售论、补偿论。在价值论上麦克库洛赫是李嘉图和马尔萨斯正确观点的综合。麦克库洛赫是这样解决李嘉图体系中第一个矛盾的：他指出工人以工资形式得到的物化劳动恰好等于他在交换时以直接劳动形式还给资本家的劳动，所以资本和劳动的交换是等价交换。但利润的现实存在只得用让渡利润来加以解释。对于李嘉图体系的第二个矛盾，麦克库洛赫的解释比穆勒走得更远，他提出，劳动包括人的活动、动物的活动、机器的活动和自然力的作用四项，它们共同创造价值。陈葡萄酒之所以比新葡萄酒贵，是因为酒在窖藏期间，自然力在发挥作用。

④穆勒

受到李嘉图和斯密的"经济自由主义""功利主义思想"的影响，穆勒成为边沁功利主义者，他看到了资本主义的弊端，但由于资产阶级世界观的影响，他并没与传统经济理论割席，他的理论属于折中主义。

经济思想背景小结

早期恩格斯经济思想来源有亚当·斯密、大卫·李嘉图。他们是英国古典政治经济学的代表人物。威廉·配第作为英国古典政治经济学之父和英国政治经济学著作的创始人，第一次明确提出，生产商品所产生的劳动时间决定了商品的价值。纵观整个历史进程，它具有重大意义。其中的缺点是，他只提出了价值的具体概念，并没有提出抽象概念，进而交换价值这一概念也就没有被从价格中抽象出来。然而威廉·配第的缺失由亚当·斯密弥补了，他成功抽象出交换价值。大卫·李嘉图对资产阶级的限度进行研究，将这一基本理论成功地发展到了最高的阶段。劳动价值理论的基础被牢固地奠定，大卫·李嘉图试图解释资产阶级的社会、经济结构，实施落实到其理论的各个组成部分，包括有剩余价值的各种具体形式，比如：土地租金、利息、利润等。可以看出，保障新兴资产阶级利益和需求是英国古典政治经济的目的，它在英国资本主义生产方式兴起的时候便产生了。大卫·李嘉图在通过对资本主义的内部经济结构和经济规律运行情况进行研究时，形成了较为系统的"劳动价值论"。麦克库洛赫更进一步为大卫·李嘉图的理论提出"劳动价值论"和"分配问题"的思考。

古典经济学家、庸俗经济学家都未解决国民经济学中基本的二律背反（劳动价值论和工资规律的矛盾），也就是价值既然是劳动的成果，那么劳动者理应享受这份成果，但现实是劳动者只能拥有很小一部分，在国民经济学理论中经济学家将资本作为一种理所当然的存在作为了理论的前提。在《大纲》中恩格斯也指出过当时经济学家使用的理论大纲和范畴中矛盾和颠倒的部分，譬如他们将竞争因素抛开，将商品设定为实际价值和交换价值，按照经济学家的规律，恩格斯通过经济学家本身的理论，科学地论证了其颠倒的错误：

价格 = 生产费用 + 竞争关系

经济学家的价值：实际价值、交换价值

经济学家的实际价值：生产费用

价格 = 生产费用 + 竞争关系

实际价值 =（生产费用 + 竞争关系）− 竞争关系 = 价格 − 竞争关系

经济学家的生产费用也就是实际价值并没有提到过竞争关系，是将竞争关系去除后的产物，因为实际上，生产费用也是会受到竞争关系的影响

这样下来，

价格 = 实际价值 + 竞争关系

价格是取决于经济学家的实际价值的，这个实际价值是去除竞争关系后的产物

实际价值 = 价格 − 竞争关系

将实际价值 = 生产费用

这样（刨除竞争关系）的做法

价值就一部分取决于价格了

本来价格应该取决于价值，价格根据最开始的公式，价格一部分取决于生产费用是没问题的，但是将实际价值 = 生产费用的

做法，乍一看是没问题的，但是可以发现，里面也藏着"颠倒"，也就是价值一部分取决于价格

所以将实际价值简单地等同于刨除竞争关系影响的生产费用是颠倒的原因之一

经济学家将竞争关系刨除出来，是想得到一个纯粹的用来研究的"生产费用"，他们认为这个就是"实际价值"，由此提出

价格＝生产费用＋竞争关系

或者说

价格＝实际价值＋竞争关系

由此得出的

价值＝价格－竞争关系这个颠倒的公式

可以看出他们理论的错误

将生产费用＝实际价值也是无意义错误的

第二个错误在于，他们认为生产费用可以刨除开竞争关系，实际上是无法刨开的，设定这种参数的意义也是虚无的

在恩格斯撰写的《大纲》中，他指出，无论是重商主义，还是自由主义经济学家，都是为资本主义私有制而存在的，虽然它们冒充代表全体人民的利益，将自己伪装成为国民经济学，但是实质上都是为了资产阶级利益服务，"国民财富这个用语是由于自由主义经济学家努力进行概括才产生的。只要私有制存在一天，这个用语便没有任何意义。英国人的'国民财富'很多，他们却是世界上最穷的民族"。重商主义作为早期的资产阶级经济

学，最初是"在额角上带着最令人厌恶的自私自利的烙印"① 的货币主义产生的，最初的货币主义认为金银就是财富，因此各国必须做一个"守财奴"才能将赚来的钱保持在关税线以内。再后来，18世纪英国第一次工业革命，在政治经济学领域也发生了变革，自由主义经济学（资产阶级古典经济学）腾空出世，代替了以往的重商主义经济学，"重商主义经济体系在某种程度上还具有某种淳朴的天主教的坦率精神，他丝毫不隐瞒商业的不道德的本质。我们已经看到，它怎样公开的显露自己的卑鄙和贪婪"②，新的经济学，即以亚当·斯密的《国富论》（同样也是伪善、前后不一贯和不道德的。这种伪善、前后不一贯和不道德目前在一些领域中与自由的人性处于对立的地位）为基础的自由贸易学说奠定了基础，不论是亚当·斯密，还是大卫·李嘉图、麦克库洛赫、穆勒都是有罪的，他们为了掩饰资本主义私有制的邪恶，不断地提高自己的诡辩术。"因此，比如说，李嘉图的罪过比亚当·斯密大，而麦克库洛赫和穆勒的罪过有比李嘉图大。"③

4. 哲学思想的碰撞

18世纪末至19世纪上半叶的德国古典哲学，主要代表人物有康德、黑格尔、费尔巴哈，其是工业革命时期欧洲大陆上反对封建哲学的最强力量。早期恩格斯哲学思想的源头是法国的空想

---

① 恩格斯：《国民经济学批判大纲》，见《马克思恩格斯文集》（第一卷），北京：人民出版社2009年版，第56页。
② 恩格斯：《国民经济学批判大纲》，见《马克思恩格斯文集》（第一卷），北京：人民出版社2009年版，第61页。
③ 恩格斯：《国民经济学批判大纲》，见《马克思恩格斯文集》（第一卷），北京：人民出版社2009年版，第59页。

社会主义，一方面空想社会主义是进步的，将资本主义的罪恶揭露了出来，也对人类历史进行了揭示。另一方面，空想社会主义也具有一定的历史局限性，其没有意识到社会主义终将取代资本主义。在柏林期间，恩格斯积极参加到青年黑格尔派博士俱乐部的活动，结识了著名的青年黑格尔派理论家，虽然青年黑格尔派在资产阶级民主运动的初期起到过一定作用，但是当德国资产阶级革命日益迫近的时候，青年黑格尔派的动摇、倒退使得恩格斯与青年黑格尔派产生分歧，恩格斯逐渐摆脱唯心主义，转向唯物主义，1841年费尔巴哈的《基督教的本质》一书发表后，恩格斯接受了费尔巴哈的唯物主义思想。

(1) 黑格尔哲学批判思想

黑格尔哲学发生了解体，青年黑格尔派就是在这一过程产生的激进派。青年黑格尔运动因为1835年施特劳斯出版的《耶稣传》开始兴起，在这个过程中，从最开始的对宗教进行的批判，到之后进行了政治以及社会方面的批判，在1830—1842这十二年里，青年黑格尔派由此达到了全盛。

在对黑格尔哲学批判的思潮中，离不开作为这场批判的首创开拓者的卢格。对于普鲁士国家的制度，他从自由主义和民主主义的国家理念出发，一方面对普鲁士黑暗、压抑的统治进行了公开批判；另一方面，专制政体借助君主制的相关原则展现了绝对的自我主义，但是黑格尔却通过逻辑推演论证王权的必要性，粉饰旧秩序[①]，也因此遭到了卢格的批判，对君主立宪制进行了猛

---

① 贾妍冰：《马克思与卢格的思想关系研究》，河南大学硕士论文，2021年。

烈抨击。对于黑格尔国家学说，一开始卢格是其坚实的信奉者，但是愈发压抑的政治环境以及在对基督教国家的批判的过程中，卢格曾经信奉的哲学信仰逐渐崩塌，逐渐转向了对黑格尔国家学说的批判。但由于卢格并未从人民的角度出发进行具体的批判斗争、对费尔巴哈的人道主义深信不疑却又视人道主义为虚幻的矛盾心理，长期停留于民主立场，意味着他的批判仅仅局限于理论层面的批判，仍然无法从根本上解决涉及社会批判和共产主义的问题。

尽管卢格的批判思想存在诸多的局限性，但是并非意味着他的思想理论毫无价值，正相反，它的理论成果是具有深远影响且是不可忽视的。在德国的三月革命时期，它作为指导思想贯穿全局；对于青年马克思和恩格斯在政治方面的争斗起着引导性作用，为他们早期政治思想的形成奠定基础，同时也促进了早期马克思和恩格斯共产主义思想的形成。

"绝对观念"是黑格尔哲学体系的出发点，是决定自然界和人类社会一切事物的源泉和主宰。绝对观念处在不断运动和发展中，其发展经历了三个阶段：逻辑阶段、自然阶段和精神阶段。绝对观念在精神阶段的发展也经历了三个阶段：主观精神、客观精神和绝对精神。其中，客观精神阶段表现为人类社会制度、民族国家的历史发展，这就是他的法哲学，包括抽象法（即权利）、道德、伦理三个阶段和形式。黑格尔认为，抽象法、道德、伦理是自由在不同形式和阶段上的体现，较高阶段的自由比前一阶段更具体、更属实、更丰富。按照他的观点，抽象的、形式的法是客观的，道德是主观的，只有伦理才是主观和客观的统一，才是客观精神的真实体现。黑格尔又将伦理阶段细分为三个环节，即家庭、市民社会和国家。国家是伦理发展的最高阶段,自由意志在这里得到充分、完满的实现。

(2) 空想社会主义

法国的空想社会主义思潮影响了早期恩格斯,圣西门、欧文、傅立叶是空想主义的主要代表。圣西门作为空想社会主义的创始人之一,经历过法国的大革命时代、拿破仑的君主制和王朝复兴等具有重大意义的历史事件。这场革命代表浩劫,这是圣西门持有的观点,他想采取和平的方式改变社会,所以致力于建立新的社会理论。圣西门的进步在于他意识到社会在不停地进步,但是仍然停留在唯心主义,还没有达到唯物主义水平的高度。作为生产力发展的基础,人的理性的发展至关重要。

傅立叶和圣西门同处于一个时代,他同样是空想社会主义的代表人物,表达出对社会历史的看法是傅立叶最大的贡献。他也指出,在人类历史发展5000年中,让人类陷入困境是因为后续不断发展的野蛮制度、蒙昧制度、封建制度和文明制度。傅立叶认为,其中同样属于历史范畴的文明制度是属于资本主义制度的,人类将因此过渡到一个幸福和谐的社会。但是傅立叶所描述的和谐社会是理想化的、空想化的、难以实现的。

在恩格斯参加宪章派活动的同时,也十分注重英国的社会主义运动,并且他认为在集体所有制基础上改变社会结构的革命已经急不可待,不可避免。他同英国欧文派社会主义建立了联系,并且为欧文派机关报《新道德世界》撰写了《大陆上社会改革运动的进展》一文,恩格斯在该文中详尽介绍了法国的圣西门主义、傅里叶主义、巴贝夫共产主义等学说。

(3) 费尔巴哈人本唯物主义

19世纪40年代资产阶级革命前夕,德国资本主义得到了进一步的发展,资产阶级不仅迫使封建统治阶段在经济上作了若干让步,而且政治上也提出了反对封建专制制度、建立共和国立宪制度的要求。德国革命形势的成熟,使当时占统治地位的黑格尔唯心主义学派解体了。唯物主义的胜利把人们的思想从晦涩的唯心主义思辨哲学中解放了出来,但分裂出来的老年黑格尔派和青年黑格尔派仍没有超出唯心主义的界限。为了批判宗教神学、黑格尔思辨哲学和确立唯物主义新哲学的基本内容,费尔巴哈于1842年写了《关于哲学改造的临时纲要》一书,但这部书被德国出版检查所禁止了。1843年,他又写出《未来哲学原理》,这是前一部书的继续和进一步论证。原本预备作为一部完备的书出版,但考虑到德国出版检查所的审查,他删去若干内容,缩小成为一个简短的篇幅,提纲挈领地阐述了他的唯物主义的基本愿想。费尔巴哈认为,这部书的任务主要是在于将人从他所沉陷的泥坑中拯救出来,通过对神学和唯心主义哲学的批判而建立人的哲学。

费尔巴哈在批判黑格尔哲学和宗教神学的过程中,建立了自己的唯物主义哲学,其主要思想是"人本学",费尔巴哈称之为"新哲学"。他认为,新哲学是以人和自然为唯一的最高对象的哲学,只有人性的东西才是真实的实在的东西,人乃是理性的尺度。"我是人,人所具有的我无不具有"乃是新哲学的口号。新哲学是建立在感觉的真理性、爱的真理性之上的,只有在感觉之中、在爱中,个别事物才有绝对的价值。只有在爱里面,才有真理和实在。爱是存在的标准——真理和现实的标准。不被爱的,不能被爱的东西,就是不存在的。他还认为,真正的辩证法并不是孤独的人向自己的独白,而是"我与你"之间的对话。人与人的交往,乃是真理性和普遍性最基本的原则和标准。《未来哲学原理》是费尔巴哈人本学唯物主义哲学的主要著作之一。它把唯物主义哲学放在近代哲学发展史中去认识其产生的历史必然性,明确地宣布了唯物主义的基本原则。这给长期沉陷于晦涩的黑格尔唯心主义哲学的德国思想界以巨大的影响,加速了黑格尔派的解体,促使了唯物主义哲学发展。

1841年费尔巴哈在《基督教的本质》中提出:是人创造了上帝;除了人与自然界以外没有任何东西存在;哲学不是自然界存在的依赖;上帝的本质与人相同。这些观点极大地震撼并点醒了恩格斯,帮助他解决了困惑并走出了黑格尔唯心主义,恩格斯从此向唯物主义转变且坚决地离开了青年黑格尔派。在很多年以后,恩格斯提到,《基督教的本质》具有极大的解放作用,只有经历过的人才能体会想象得到,好像大家一时间都成为费尔巴哈派了。

(4) 社会契约论

卢梭的《社会契约论》,最核心的一个观点就是区分了国家与政府(国王)的关系,国家的主权在人民,政府只是人民的受托方、法律的执行者,是统治者与被统治者的一种契约。卢梭相信,一个理想的社会在人与人之间而非人与政府之间建立契约关系。在卢梭眼中,政府是联系主权者与人民之间的纽带。虽然政府只不过是主权者的执行人,代表着主权者的共同意志执行国家事务,既是法律的执行人,也是主权者的执行人。但是,政府是由自利人组成的,政府受各种利益诱惑的可能性随时都会发生,不受监督地滥用权力某种程度上是人的本性。"我发现,所有一切问题的根子,都出在政治上。不论从什么角度看,没有哪一个国家的人民不是他们的政府的性质使他们成为什么样的人,他们就成为什么样的人"。因此,人民要加强对政府的约束,要推动政府成为好政府。人民是国家真正的主人,"主权在民"而不是"朕即国家",才是政府存在的法理基础,如果政府不合人民的"公意",人民就有权推翻它。在资产阶级为反封建阶级疯狂的呐喊中,卢梭敏锐的政治嗅觉和独到的思想使他走在了启蒙运动的前沿。他毫不客气地指出社会的种种弊病根源不在人,而在于社会制度。

(5) 康德

"绝对观念"是黑格尔哲学体系的出发点,是决定自然界和人类社会一切事物的源泉和主宰。绝对观念处在不断运动和发展中,其发展经历了三个阶段:逻辑阶段、自然阶段和精神阶段。绝对观念在精神阶段的发展也经历了三个阶段:主观精神、客观精神和绝对精神。其中,客观精神阶段表现为人类社会制度、民族国家的历史发展,这就是他的法哲学,包括抽象法(即权利)、道德、伦理三个阶段和形式。

(二) 个人背景

恩格斯之所以能够写出《国民经济学批判大纲》与他个人的经历是密切相关的,总的来说,恩格斯求学的经历、思想的更迭以及为无产阶级当代表的决心使他将批判国民经济学的相关理论同无产阶级的现实结合起来,创作出了《国民经济学批判大纲》这样卓越的理论成果。

1. 思想更迭的战斗者

恩格斯出生于巴门的名门望族,其父亲继承并扩大了恩格斯曾祖父的纺织工厂，在巴门和英国曼彻斯特创办了欧门-恩格斯纺纱厂，恩格斯的父亲是基督教徒，母亲性格开朗，具有较高的文化修养，宗教文化观念不深，但开明的母亲和开朗的弟妹依然没有改善恩格斯童年"彻头彻尾的基督教的、普鲁士的家庭"① 的沉闷气氛。后来，在不莱梅经商的时期，恩格斯经历了深刻的思想斗争，摆脱了从家庭、学校和社会所受到的宗教影响，成为了一个无神论者，并对圣经和宗教进行了批判。

在柏林期间，恩格斯积极参加青年黑格尔派博士俱乐部的活动，结识了著名的青年黑格尔派理论家，虽然青年黑格尔派在资产阶级民主运动的初期起到过一定作用，但当德国资产阶级革命日益迫近的时候，青年黑格尔派的动摇、倒退使得恩格斯与青年黑格尔派产生分歧，逐渐摆脱唯心主义，转向唯物主义，1841年费尔巴哈的《基督教的本质》一书发表后，恩格斯接受了费尔巴哈的唯物主义思想。

2. 手不释卷的求学者

1834年恩格斯转学到开设课程较多、教学质量较高、被公认为普鲁士最好的学校爱北菲特中学，恩格斯在众多优秀教师的指导下，获得了扎实的科学文化知识。

1837年恩格斯在父亲的要求下退学从商来到了不莱梅，在不莱梅他见识了更加广阔的世界，在这个港口城市里，恩格斯解锁了各色各样的任务，熟悉了资本主义商业的详细情况，了解了社会各方面的复杂情况，他总是手不释卷，利用不莱梅港口的便

---

① 《马克思恩格斯全集》（第二十七卷），北京：人民出版社1956年版，第21页。

利，学习来自英国、法国、荷兰、西班牙、意大利等多地报刊，读到各种文学的、哲学的、政治的书籍。

在柏林服役期间，恩格斯通过一年的军事学习，掌握了对今后革命有用的军事知识，后来他深入研究军事科学和军事史，成为了一名无产阶级伟大的军事理论家。总而言之，恩格斯的求知欲十分旺盛，在辍学后的日子，他通过各种途径弥补了自己未能完成学校教育的损失。

3. 工人阶级的代表者

富有正义感的性格特征贯穿着恩格斯的一生，在乌培河谷时期，恩格斯看到那些栖身于草棚、马厩和楼梯间的穷苦工人时，甚至会将自己的积蓄赠与他们。1842年11月，在曼彻斯特开始从商学习的恩格斯进入了对社会状况调查的新阶段。在当时，因为曼彻斯特的工业迅速发展，使得曼彻斯特在极短的时间内成为了英国的第二大工业城市。快速的工业化不仅带来了经济的发展，同时也带来了逐渐清晰的巨大社会矛盾。持续恶化的阶级关系导致了一系列工人运动的爆发，这为众多社会主义者的出现提供了契机，在持续的阶级斗争中，社会主义者逐渐成为英国工人运动的核心。恩格斯在曼彻斯特可以切身接触并观察英国不同阶层的生存状态，他为了更深入地体验工人们的生存状态，和他们一同生活，感受着他们的艰辛与苦难，在这个过程中，工人们所遭受的压迫和剥削不断冲击着恩格斯，他们不断斗争的精神也深刻地鼓舞着恩格斯，因此经过对英国社会状况的详细调查和深刻分析后，恩格斯将所收集到的关于彰显资本主义罪恶的一手资料作为原材料如实撰写，发表了《国民经济学批判大纲》及《英国工人阶级状况》等对资本主义社会工业发展早期研究的文章。

二、内在逻辑及主要内容

在《国民经济学批判大纲》之中，恩格斯首次在资本主义政治经济学中运用了历史唯物主义的观点对资本主义政治经济学进行了较为系统的考察，他揭示了资本主义私有制的本质。在开篇，恩格斯就针对重商主义、新经济主义进行了批判，恩格斯认为二者都同源于私有制，都是为了维护资产阶级利益的思想。此后，恩格斯对马尔萨斯的"人口论"以及蒲鲁东的"价值论"进行了批判，恩格斯针对人口论提出形成竞争状态的原因是私有制前提和人类的不自觉状态，同样否认了蒲鲁东的小资产阶级的无政府主义。在整个批判大纲中，对私有制的批判是核心，在批判私有制中，恩格斯针对商业、价值与价格、生产要素及收入形势、竞争与垄断、商业危机、财产集中、土地与人口等七个方面进行了着重阐述与批判，恩格斯仔细考察了当时的经济学者的观点，结合历史现实阐明了自己的观点。该篇包含的主要内容如下：

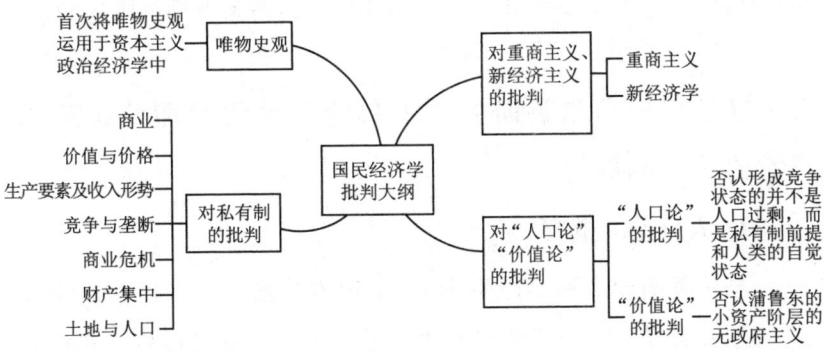

（一）对重商主义、新经济学的本质的解读批判

1. 重商主义的批判

重商主义认为，"只有金银才是一个国家真正的财富；对外贸易是财富的真正源泉；利润只是在流通过程中产生；对外贸易的原则应该是'少买多卖'"等。重商主义者短视地将一切侥幸获得的财富积累起来，并在获得财富和减少损失的手段上极显贪婪与自私，从而将所有赚来的金钱"好好地保持在关税线以内"。

2. 新经济学的批判

新的经济学宣告自己不为传统经济学体系负责，赋予自身同旧的经济学者对立的角色、用对抗不道德以表现道德的各种做法，使"不道德到达了极点"。

（二）唯物史观

《国民经济学批判大纲》首次将唯物史观的视角应用到对资本主义政治经济学的批判中来。如：分析国民经济学产生和发展的根源时，恩格斯是从其当时具体的历史经济条件进行阐述的。

（三）对马尔萨斯的"人口论"的批判和蒲鲁东的"价值论"的批判

1. 人口论的批判

马尔萨斯理论最早产生于18世纪末，它认为人口增速超过了其他社会经济生产资源的增速，导致了人口绝对过剩，并将失

业和贫困归为"自然"现象。

恩格斯对马尔萨斯的人口论进行了批判，提出形成竞争状态的原因并不是人口过剩，而是私有制前提和人类的不自觉状态。

2. 价值论的批判

在《哲学的贫困》中，蒲鲁东提倡小资产阶层的无政府主义。在蒲鲁东看来，供给就是使用价值，需求就是交换价值。这两者之间矛盾冲突的基础就是自由意志。

恩格斯则基本否定了上述蒲鲁东的这些思想，他认为这是对历史的曲解，并且是无视客观历史事实的主观臆造。

（四）对私有制的批判

《大纲》揭露了资产阶级政治经济学为私有制进行辩护的本质属性，认为"只要私有制存在一天，这个用语便没有任何意义"。同时也揭露了资本主义矛盾的不可调和性。资本主义越发展，社会财富越增加，无产阶级劳动者就越贫穷，私有制所导致的各种矛盾也就越尖锐，这就导致作为维护私有的资产阶级经济学也就越不科学。

1. 商业

私有制催生的最直接的产物即是商业。在私有制的环境下对从事商业的人来说其收入的主要途径就是商业活动，所有人都会想尽一切办法来实现贱买贱卖，所以买方与卖方二者间在利益上是绝对对抗的。商业会带来的结果有：双方彼此互相怀疑，同时又总是为这种怀疑而辩解，是"披着合法外衣的欺骗"。

2. 价值与价格

价值内涵寓于商品之中,并通过价格表现出来。生产费用论认为:物品的价值是由生产成本决定的。效用决定论认为:物品的价值在于人的需要,人对于某件商品的需求体现了物品的有用性。

恩格斯则是在批判二者的基础上,提出价值的实现是由于生产费用对效用的关系,即价值首先是用于判断一个物品的效果是不是可以抵偿生产费用,紧接着方可讨论交换。若生产费用保持一致,那么价值就应当被效用所决定。而生产费用同样要以竞争为前提,对客观认定一个物品是否具有效用时仅有的依据就是竞争关系。

同时恩格斯还表明价值与价格的不同,价格会受到市场的影响,并同供求关系紧密相连。并且价值是来源,对价格起着决定性作用。(恩格斯:"物品的价值不同于人们在买卖中为该物品提供的那个所谓等价物,就是说,这个等价物并不是等价物。这个所谓的等价物就是物品的价格;价格由生产费用和竞争的相互作用决定的,这是完全正确的,而且是私有制的一个主要规律。")

3. 生产要素及其收入形势

在一开始资本与劳动是相同的,劳动带来的成果即是资本,在生产过程当中又迅速转变为劳动资料,所以在生产过程中资本与劳动二者曾在短时间内被分离。

4. 竞争与垄断

竞争和垄断都是私有制催生的内容,且二者互相为对方的条件。

恩格斯认为在资本主义社会存续期间，任何别的范畴都决定于竞争。因此，如果私有制没有被消灭，那么任何内容最后都可以回归或者说追溯到竞争上。

竞争与垄断则是相对的，竞争之间的矛盾和私有制自身所带有的矛盾相类似，只要存在着私有制那么无论何种垄断都不能够消除竞争，比如买主与卖主逐渐的对立、无产阶级与资产阶级的对立等。

5. 商业危机

竞争的规律是寻求供需平衡，但双方总是尖锐对立。工人总是跟着需求走，要么太多，要么太少，从不满足需求。如果需求大于劳动力供给，价格就会上涨。只要供给增加，价格就会下降。如果价格下跌，需求就会增加。

恩格斯认为生产者是分散的、无意识的，这必然导致周期性的商业危机。而且，每一次商业危机都必然比上一次更为普遍和严重。它肯定会使小资本家变穷，增加工人阶级的比例，显著增加企业和财产所有者的数量。同时，竞争关系使道德完全丧失，不可能建立在道德基础上的交换。而这也决定了社会变革的必然性。

6. 财产集中

财产集中资本与资本、劳动与劳动、土地占有与土地占有之间的竞争是各方竞争的必然结果，强者必胜。

7. 土地与人口

恩格斯认为：不仅仅是只有被垄断的东西才可以产生价值，未被垄断的东西是有价值的产生的，只是价格没有体现出来，适用于私有制为主的经济制度。

如土地和空气一样，每个人都可以呼吸空气，那么就没有人需要支付租金。然而，在现实中，土地很少以至于只有很少的一部分人拥有。所以，如果你想对土地进行占用，你必须支付租金或按实际价格进行交换。恩格斯认为地租就是："一个土地的单位面积生产量即自然方面（这方面又涉及了自然的肥力与人的耕作即为了改善土壤而花费的劳动）与人的方面即竞争之间的相互关系。"

三、传播概况

（一）在国外的传播

1844年2月，《国民经济学批判大纲》首次发表在《德法年鉴》第1、2合刊号上，共印刷了1000册。《国民经济学批判大纲》受到莱比锡、柏林、维也纳大批进步人士的关注，订阅率较高。

《德法年鉴》印刷不久，柏林当局就接收到了普鲁士公使认为该杂志"极端危险"的汇报。1844年3月23日，柏林的枢密顾问官就《德法年鉴》起草了一份详细的备忘录。备忘录展示了《德法年鉴》批判的主要矛头是普鲁士政府，并认为国王陛下因此遭到了侮辱，即将可能引发一场革命。以备忘录为主要依据，普鲁士内政大臣于1844年4月16日发布对马克思、海涅和卢格以及《德法年鉴》的其他撰稿人在普鲁士领土的逮捕命令。普鲁士政府严密封锁边境，在法国和其他各地，以及莱茵河畔入境船只上没收近300本杂志。但《年鉴》仍然十分畅销,获得了巨大的胜利。

1844年7月9日,《哈茨山及其周围地区》杂志第28号转载了恩格斯这篇文章中有关"竞争"的段落。

1871年,《人民国家报》的主编威廉·李卜克内西打算把《国民经济学批判大纲》重新刊载在《人民国家报》上,但收到马克思和恩格斯的来信拒绝。信中提及文章仅具有历史文件的意义,不适用于实际宣传,同时建议李卜克内西从《资本论》中选登。1884年,叶甫盖尼娅·埃·帕普利茨建议把《国民经济学批判大纲》译成俄文出版时,遭到恩格斯再次拒绝。恩格斯表达了他对文章会引起较多误解的忧虑。最终,恩格斯的《国民经济学批判大纲》未能在《人民国家报》的出版社刊印。

1885年恩格斯同意在德国社会民主党的理论性月刊《新时代》上发表文章。在《新时代》上恩格斯发表了为马克思和自己的再版著作包括《国民经济学批判大纲》在内写的"序言"和"导言"。

1890年,为了庆祝恩格斯70寿辰,在征得恩格斯的同意后,《新时代》杂志于11月28日重新刊登了恩格斯的《国民经济学批判大纲》,这是第二个版本。

1902年,梅林编辑的《马克思恩格斯遗著》在德国的斯图加特出版,这一版得到了恩格斯的许多指导和建议。梅林编辑的《马克思恩格斯译著》分为3卷,第一卷收录1841至1844年的著作;第二卷收录1844至1847年的著作;第三卷收录1848至1850年的著作。其中,恩格斯发表在《德法年鉴》上的《国民经济学批判大纲》被收录于第一卷。这一版本分别于 1913 年、1920 年、1923 年再版。

1905 年以后,当时的行政和司法机构开始大量取缔在革命年代出版的马克思主义著作,没收出版的书籍,并根据法庭的判决加以销毁。在销毁的 27 个版本中包含恩格斯的一些革命著作的个别版本,《国民经济学批判大纲》也在其中。

1930 年,在梁赞诺夫的主持下,MEGA[1]第一部分第 2 卷发表了恩格斯的《国民经济学批判大纲》。

1931 年,童格编辑的德文版《恩格斯经济学小论文集》由国际工人出版社刊行,其中收录了《国民经济学批判大纲》。在此版本中,编者添加了英国古典经济学家的简介和一些基本经济学术语等注释,以便于读者理解恩格斯写作的背景。随后,各种文字的《马克思恩格斯全集》均收录了恩格斯的《国民经济学批判大纲》。

1985 年,MEGA[2]第 1 部分第 3 卷出版了恩格斯《国民经济学批判大纲》,这是至今最权威的版本。该版本在前言中详尽介绍了恩格斯这篇文章的主要观点和论证逻辑,并按照当时通行的印刷方式订正。

(二) 在国内的传播

《国民经济学批判大纲》的第一个中译本是由何思敬翻译的,于 1931 年 3 月至 4 月,由广州中山大学《社会科学论丛》第 3 卷(第 107—117 页)和第 4 卷(第 63—73 页)进行了部分内容的刊载,刊载的文章命名为《国民经济学批判大纲》。

随后，何思敬在重新阅读自己当年的译文后，决定对该书进行再次翻译。此次翻译的底本是童格编辑的《恩格斯经济学小论文集》，是国际工人出版社于1931年出版的德文版本，何思敬将全书翻译透彻，连原德文版中的"附注"都照样译出，译完后还撰写了"译后记"。人民出版社以《国民经济学批判大纲》为题，于1951年3月出版单行本。这一版译本里包括的内容有恩格斯的《国民经济学批判大纲》和马克思的《弗里德里希·恩格斯〈国民经济学批判大纲〉一文摘要》。这一版于1953年9月第二次印刷，印数达20000册，此版除更换封面以外，其余均未变化。

后来，《国民经济学批判大纲》一文就没有再单独出版译本，而是收录在马克思恩格斯著作合集中。1956年12月出版的中文第一版《马克思恩格斯全集》第一卷中收录了第二个中文版本，篇名译为"政治经济学批判大纲"。这一版是以《马克思恩格斯全集》俄文第二版为底本进行翻译的，该版本更加通顺、准确。

2002年出版的中文第二版《马克思恩格斯全集》第三卷中也收录了恩格斯的这篇文章，篇名为《国民经济学批判大纲》，这一版译文的底板则是参照1985年出版的《马克思恩格斯全集》历史考证版第二版（MEGA2）第一部分第三卷翻译的。该版本由中文版编辑撰写了长篇"注释"，包括恩格斯写作的简要背景、理论准备、写作时间，以及包括马克思在内的同时代学者的评价、该文出版的简要情况等。

2009年版《马克思恩格斯文集》第一卷中收录了恩格斯的这篇文章，该版与2002年的那一版相比只是精简了该文的"注释"，增加了对何思敬版出版情况的简要说明。

以上就是《国民经济学批判大纲》一文在国内传播的基本情况。

四、研究现状

《国民经济学批判大纲》这篇著作考察了政治经济学这门科学的产生和发展的历史，同时还分析了政治经济学的一些基本范畴，被马克思誉为"批判经济学范畴的天才大纲"。当前国内外经济形式极为复杂，面对纷繁多样的经济现象，特别是建设中国特色社会主义市场经济时面临的外部挑战，对《大纲》的深入理解和研究，有利于迎接这种挑战。此外，还将为后续的学者的研究提供一定的参考价值。本文通过整理已有学者对《大纲》的研究成果，以帮助研究人员和读者对《大纲》进行更加全面和深入的研究。

（一）研究视角与研究方法

1. 研究视角

本部分以国内学者对《大纲》的研究为主要视角进行综述，旨在通过研究、总结国内学者的主要观点来了解《大纲》的研究现状，包括《大纲》对马克思主义的影响、《大纲》中其他思想的研究、《大纲》的历史意义与当代价值以及《大纲》的评价研究四个方面。国内学者运用文献研究法、比较研究法、历史分析法等研究方法对《大纲》进行了全面、正确、客观的研究，本文也以这些研究方法作为一个重要视角对学者们的主要思想进行研究。

2. 研究方法

本部分以科学研究与社会现实相适应为写作的根本原则,在使用科学正确的方法进行研究的同时,还应该使用以下具体的研究方法对《大纲》的研究进行总结与拓展:

(1) 文献研究法

本部分搜集整理主要的相关文献,对《大纲》的研究现状进行了较为充分的概括与总结。本文以国内学者对《大纲》的研究为主要内容进行综述,分析了《大纲》在国内的研究现状。通过整理相关文献,来分析《大纲》目前的研究水平与研究成果,得出学界当前研究取得的成绩与不足,从而进一步探讨《大纲》未来的研究方向。

(2) 历史分析法

本部分对《大纲》的历史意义与当代价值有着纵深研究,分析学者们对《大纲》的研究内容时也具有时空观,既联系了《大纲》对于其所处时代以及对马恩思想体系构建的影响,又总结概括了《大纲》对当代我国走中国特色社会主义经济道路、对世界经济发展的启发意义。

(二) 研究要点

1.《大纲》对马克思主义影响的研究

(1) 对马克思个人的影响

《大纲》对马克思个人有着重要的影响。大部分学者的研究集中在《大纲》对马克思《资本论》的写作、对马恩关系的重构这两个方面的影响。

一方面,《大纲》对马克思《资本论》写作的影响主要体现在:一是引发了马克思研究方向的转变;二是《大纲》中的一些思想观点在《资本论》中得到了借鉴、引用以及进一步的发展。

《大纲》引发了马克思研究方向的转变主要体现在:《大纲》促使马克思研究方向由哲学转向经济学,为《资本论》的问世提供一定的理论基础和研究动力。余斌认为,"这部《大纲》直接激发了马克思终身从事政治经济学的研究,使之最终写出了更加天才和伟大的《资本论》"。① 霍冠锦认为,"《大纲》是促发马克思由哲学向经济学研究方向转变的一个重要动力,是马克思主义政治经济学的重要组成部分"。② 马宁认为,《大纲》为马克思将目光转向资产阶级政治经济学的研究提供了新的途径,以及为马克思主义批判资产阶级政治经济学提供了良好的开端。③ 王冠珠认为,作为马克思主义政治经济学的重要经典起点著作的《大纲》和作为马克思政治经济学建立标志的《资本论》第一卷,在线索上具有一致性。④

---

① 余斌:《〈国民经济学批判大纲〉的历史意义和当代价值》,载《当代经济学研究》,2020 年第 4 期,第 5 页。

② 李福岩:《恩格斯对马克思政治经济学研究的直接促发——基于〈国民经济学批判大纲〉的考察与评价》,载《改革与策略》,2020 年第 5 期,第 24 页。

③ 马宁:《恩格斯早期政治经济学研究在马克思主义发展中的作用——以〈国民经济学批判大纲〉文本分析为例》,载《中共南昌市委党校学报》,2016 年第 6 期,第 10 页。

④ 王冠珠:《恩格斯〈国民经济学批判大纲〉经济思想的历史影响与当代价值》,西安工业大学硕士论文,2021 年。

《大纲》中的一些思想观点在《资本论》中得到了借鉴、引用以及进一步的发展。魏泳安认为"在《资本论》中,马克思不少于四次直接引证《大纲》中的观点,内容涉及资本主义周期性矛盾和危机、资本的运动、实际价值和交换价值、生产过剩与人的过剩等方面"。① 马宁认为,《大纲》的重要价值在于促使马克思从经济视角这一方向来批判空想社会主义,马克思在《资本论》中对《大纲》中具有一定科学萌芽性质的理论进行了进一步的科学阐述和完善。② 黄学胜认为,《大纲》对马克思的影响主要有:《大纲》在一定程度上对国民经济学进行了批判,其中的一些观点、表述、评价等得到了马克思的认同和吸收。③ 白刚认为,《大纲》第一次对资产阶级"政治经济学"进行了批判,为《资本论》的撰写提供了批判的主要"经济学范畴"、研究对象、关注的"轴心"和根本任务,进而使马克思从经济学理论方面激发了《资本论》"政治经济学批判"。④

另一方面,《大纲》对于马恩关系重构的影响,主要体现在:《大纲》使马克思改变了对恩格斯的原始看法,并开启了两人之

---

① 魏泳安:《青年恩格斯的政治经济学批判思想及当代价值——基于〈国民经济学批判大纲〉的影响及内容的分析》,载《当代经济研究》,2020年第4期,第25—26页。

② 马宁:《恩格斯早期政治经济学研究在马克思主义发展中的作用——以〈国民经济学批判大纲〉文本分析为例》,载《中共南昌市委党校学报》,2016年第6期,第9页。

③ 黄学胜:《在差异中共进:马克思恩格斯早期思想关系——基于〈国民经济学批判大纲〉与〈1844年经济学哲学手稿〉的比较》,载《厦门大学学报(哲学社会科学版)》,2020年第6期,第5—6页。

④ 白刚:《〈国民经济学批判大纲〉:〈资本论〉的"底本"》,载《马克思主义理论学科研究》,2021年第3期,第40页。

间革命性的友谊与合作。齐航认为,"《大纲》对于马克思恩格斯的合作以及之后著作也起到了继往开来的作用"。①刘畅、王蒲生认为,《大纲》使得"马克思对年仅 23 岁的恩格斯留下十分深刻的印象,二人由此达成共识并开启了一生的亲密友谊与合作"。②张当认为,"马恩的关系转折是以《大纲》为桥梁的,这部著作为两人的合作奠定了基础。这部被马克思评为'天才大纲'的书稿改变了马克思对恩格斯的看法,并且由于这部著作,改变了两人的关系"。③ 马宁认为,"考察恩格斯早期政治经济学研究,对于驳斥马恩对立学说,沟通马克思恩格斯理论内在逻辑整体性具有重要的理论功绩和价值"。④ 马列认为,《大纲》中的伟大思想与精辟深刻的分析促进了马克思对政治经济学的研究,在马恩二人的一系列合著中都可明显看到马克思对《大纲》的赞赏与运用。⑤

(2) 对马克思主义政治经济学的影响

学者们普遍认为,《大纲》作为马克思主义政治经济学的开篇之作,其影响是举足轻重的。《大纲》得出的基本正确的结论,

---

① 齐航:《〈国民经济学批判大纲〉中的"批判"》,载《淮北职业技术学院学报》,2018 年第 3 期,第 17 页。

② 刘畅、王蒲生:《恩格斯〈国民经济学批判大纲〉的科学技术思想及其当代意义》,载《当代经济研究》,2020 年,第 5 页。

③ 张当:《马克思恩格斯早期学术思想关系探析——从〈国民经济学批判大纲〉出发》,载《湖南工业大学学报(社会科学版)》,2017 年第 1 期,第 88—92 页。

④ 马宁:《恩格斯早期政治经济学研究在马克思主义发展中的作用——以《〈国民经济学批判大纲〉文本分析为例》,载《中共南昌市委党校学报》,2016 年第 6 期,第 7 页。

⑤ 马列:《恩格斯〈国民经济学批判大纲〉的研究》,黑龙江大学硕士论文,2013 年。

引导了马克思主义政治经济学的形成与发展,促进了马克思主义政治经济学理论体系的建立。

学者许腾飞指出,《大纲》是马克思主义政治经济学的开篇之作,也是对马克思的政治经济学研究产生重要影响的奠基之作。① 学者马宁认为,《大纲》启发了与恩格斯合作之前的马克思,对马克思主义政治经济学的研究乃至整个马克思主义的发展起到了巨大的基础性作用。② 学者谈罗秋的核心观点是"《大纲》的科学的研究方法,鲜明的阶级立场,严厉的批判姿态,对马克思主义政治经济学的形成和发展具有重大影响;《大纲》在研究资本主义经济时得出的一些基本正确的结论,为马克思主义政治经济学理论体系的建立作出了重大贡献";"马克思主义政治经济学的方法——唯物辩证法在《大纲》中首次得到运用"。③

《大纲》对马克思主义政治经济学有理论、研究对象、研究方向等方面的影响。对于理论方面的影响,学者王冠珠给出的观点是:《大纲》为马克思主义政治经济学理论奠定了科学的方法理论、提供了正确的经济理论,并且准确地确定了政治经济学的研究对象。④

---

① 许腾飞:《马克思主义经济思想史上第一篇创新的"天才大纲"——读恩格斯〈国民经济学批判大纲〉》,载《公关世界》,2020年第12期,第156页。
② 马宁:《恩格斯早期政治经济学研究在马克思主义发展中的作用——以〈国民经济学批判大纲〉文本分析为例》,载《中共南昌市委党校学报》,2016年第6期,第9页。
③ 谈罗秋:《〈国民经济学批判大纲〉对马克思主义政治经济学形成的影响》,载《岳阳师专学报》,1985年第1期,第5—11页。
④ 王冠珠:《恩格斯〈国民经济学批判大纲〉经济思想的历史影响与当代价值》,西安工业大学硕士论文,2021年,第33页。

恩格斯通过这部"天才大纲"展现出了其对政治经济学的研究与素养。学者薛加奇和吴昊提出"作为马克思主义政治经济学先驱者之一，恩格斯对古典政治经济学的批判为后来马克思主义政治经济学的形成作出了重要贡献"①的观点，肯定了恩格斯的经济学理论对马克思主义政治经济学的贡献。他们认为，这种贡献主要体现在对生产力理论、对生产关系理论、对生产和需求关系理论的贡献上。恩格斯科学论证资本主义私有制是资本主义社会一切矛盾的根源，是他对马克思主义政治经济学做出的最重要的贡献。

学者霍冠锦指出，《大纲》作为马克思主义政治经济学的第一部著作，开启了马克思主义政治经济学的发展、研究之路，这种"开山"的影响具体体现在："恩格斯对私有制的认识和理解具有划时代的意义，动摇了资产阶级统治的'合理性'基础，打开了通往无产阶级政治经济学的大门。恩格斯在《大纲》中提出的相关理论，在马克思主义思想史上具有重要地位和影响，马克思后来的诸多著作中都有恩格斯《大纲》的影子，他继承并发展了恩格斯《大纲》的理论，也奠定了无产阶级政治经济学基础"。②学者孙喜香、薛俊强认为，恩格斯通过对资产阶级社会现实和政治经济学批判的深入研究，开启了历史唯物主义和社会主义新世界观的大门，为资本主义现代性问题和马克思主义政治经

---

① 薛加奇、吴昊：《〈国民经济学批判大纲〉对马克思主义政治经济学的贡献研究——纪念恩格斯诞辰 200 周年》，载《河北经贸大学学报》，2020 年第 5 期，第 10 页。

② 霍冠锦：《恩格斯〈国民经济学批判大纲〉对资本主义私有制的批判》，深圳大学硕士论文，2020 年，第 38 页。

济学奠定了批判的世界观基础。①

总体来看，《大纲》作为马克思主义政治经济学的入门导论，提出了一些正确的观点和理论，为马克思主义政治经济学的发展奠定了重要基础。学者魏泳安认为，《大纲》"已经表述了科学社会主义的某些一般原则"，预示着马克思主义政治经济学发展的方向，奠定了恩格斯在政治经济学研究上使用的基本方法论原则。其次，《大纲》不仅让恩格斯确立了自己政治经济学研究的立场与方法理论，更是启发了马克思。其对马克思进入政治经济学研究领域、对马克思主义政治经济学的形成和发展都有着至关重要的基础性意义。②

(3) 对马克思主义的影响

关于《大纲》对马克思主义影响的研究，学者们集中研究《大纲》对马克思主义理论体系形成和发展的重要影响，研究《大纲》在推动马克思主义哲学、马克思主义政治经济学、科学社会主义这三大理论形成和发展的重要作用。

关于研究《大纲》在推动马克思主义哲学形成和发展方面的作用。马列认为，《大纲》对马克思主义的影响主要体现在对马克思主义哲学史上的理论定位上，表现在：《大纲》是对社会主义、哲学、经济学的首次整合；《大纲》对重要范畴进行革命性

---

① 孙喜香、薛俊强：《青年恩格斯的政治经济学批判及其时代价值意蕴——基于〈国民经济学批判大纲〉和〈英国工人阶级状况〉的考察》，载《经济学家》，2020年第12期，第27页。

② 魏泳安：《青年恩格斯的政治经济学批判思想及当代价值——基于〈国民经济学批判大纲〉的影响及内容的分析》，载《当代经济研究》，2020年第4期，第25—26页。

的变革;《大纲》运用实证主义的方法进行调查研究①。霍冠锦认为,《大纲》对马克思主义的影响非常大,可以说是马克思批判国民经济学的引路人,同时,也奠定了《大纲》在马克思主义思想史上的重要地位②。姜海波认为"恩格斯进而在《国民经济学批判大纲》中通篇详尽阐释消灭私有制的必要性,并在该文中运用生产力尺度批判国民经济学,从而创造性地将古典政治经济学、德国古典哲学和空想社会主义这三方面理论资源联系起来,并对它们进行批判性加工与整合,为唯物史观的形成奠定了坚实的基础"。③ 蒋红认为"正是恩格斯在《大纲》中对资本主义社会经济事实的深入研究,促使处于思想转变中的马克思进入政治经济学研究领域,为唯物史观的创立开辟了理论视野和前进道路"。④

关于研究《大纲》在推动马克思主义政治经济学形成和发展方面的作用。霍冠锦认为,"《大纲》的先锋引领作用,可以说是马克思主义政治经济学的第一块基石,为无产阶级政治经济学的发展打下坚实的基础,在马克思主义发展史上具有里程碑的意义"。⑤ 马宁认为"《大纲》为我们科学客观地理解马克思主义发展提供了重要的理论截面"。他指出"《大纲》作为马克思主义政

---

① 马列:《恩格斯〈国民经济学批判大纲〉的研究》,黑龙江大学硕士论文,2013年,第24—30页。
② 霍冠锦:《恩格斯〈国民经济学批判大纲〉对资本主义私有制的批判》,深圳大学硕士论文,2020年,第32页。
③ 姜海波:《论恩格斯对唯物史观形成的贡献——兼论〈国民经济学批判大纲〉的理论定位》,载《中共宁波市委党校学报》2020年第六期,第5—11页。
④ 蒋红:《论恩格斯对唯物史观创立的重要贡献——基于〈国民经济学批判大纲〉的文本研究》,载《马克思主义研究》,2022年第3期,第96—100页。
⑤ 霍冠锦:《恩格斯〈国民经济学批判大纲〉对资本主义私有制的批判》,深圳大学硕士论文,2020年,第32页。

治经济学的第一篇著作,是马克思主义形成过程中的重要里程碑,对与恩格斯合作之前的马克思产生了重要的启发意义,对马克思主义政治经济学的研究甚至整个马克思主义的发展产生了巨大的基础性作用"。① 王冠珠认为"《大纲》的经济思想为马克思主义政治经济学——辩证唯物主义和历史唯物主义的科学方法论基础提供了良好的开端"。②

关于研究《大纲》在推动科学社会主义形成和发展方面的作用。陈沛丽指出"《大纲》是恩格斯从哲学共产主义转向科学社会主义的重要一环"。③ 王力认为"被马克思称为'天才大纲'的恩格斯的《国民经济学批判大纲》蕴含着丰富的科学社会主义思想原则"。他指出"在批判国民经济学的基础上,恩格斯揭示了商业竞争破坏道德,终致垄断的必然结果;阐明了由私有制造成的资本与劳动的分离是资本主义生产方式存续的前提,私有制使人成为商品,并把人隔离在粗陋的孤立状态中,必须消灭私有制才能把人从中解放出来;发现了繁荣与危机是资本主义生产的必然规律,初步把握了商业危机与社会革命的逻辑关联,提出了科技是生产力的思想",④ 认为这些是科学社会主义思想萌芽的具

---

① 马宁:《恩格斯早期政治经济学研究在马克思主义发展中的作用——以〈国民经济学批判大纲〉文本分析为例》,载《中共南昌市委党校学报》,2016 年第 6 期,第 7 页。
② 王冠珠:《恩格斯〈国民经济学批判大纲〉经济思想的历史影响与当代价值》,西安工业大学硕士论文,2021 年,第 17 页。
③ 陈沛丽:《青年恩格斯对私有制的内在批判——基于〈国民经济学批判大纲〉核心经济范畴的考察》,载《宁夏党校学报》,2020 年第 22 期,第 39 页。
④ 王力:《"天才大纲"的科学社会主义思想萌芽——恩格斯〈国民经济学批判大纲〉研究》,载《江西师范大学学报》(哲学社会科学版),2020 年第 53 期。

体表现。

2.《大纲》对批判和科技思想的研究

（1）批判思想

学者们对《大纲》中"批判"思想的研究，大都紧紧围绕批判的对象、方法和意义进行。

对批判对象的研究有：齐航认为，"批判"一词贯穿了文本的始终，恩格斯对私有制的批判、对资本主义政治经济学的批判、对马尔萨斯人口论的批判、对资产阶级本质的批判，揭示了资产阶级社会的内在矛盾与产生根源。① 林修能认为，"恩格斯贯穿全文的核心思路是对竞争的批判。他揭示了竞争是如何让私有制'运动'起来，并最终造成了人与自然、人与人的对立；也揭示了竞争与垄断的生成关系，揭露了国民经济学的伪善；还反思了竞争带来的道德问题，深入抨击了'私经济学'对人的对立与非人化降格"。② 朱成全、陈潇、董俊逸指出，"恩格斯对资产阶级政治经济学的批判，显示出了其是站在无产阶级立场上来批判当时政治经济学的'前提'。马克思对当时国民经济学的批判也表现为马克思对当时国民经济学的'前提批判'，即对私有制的批判"。③ 霍冠锦认为，对资本主义私有制的批判是《大纲》的基础和贯穿始终的主线，此外，恩格斯对国民经济学批判的核心

---

① 齐航：《〈国民经济学批判大纲〉中的"批判"》，载《淮北职业技术学院学报》，2018年第3期，第15页。
② 林修能：《恩格斯关于竞争的哲学反思——对〈国民经济学批判大纲〉的考察》，载《北京科技大学学报（社会科学版）》，2021年第6期，第619页。
③ 朱成全、陈潇、董俊逸：《马克思恩格斯政治经济学批判思想的当代价值》，载《财经问题研究》，2021年第3期，第17页。

是"私有制",主要是对"价值""资本""劳动""竞争"和"垄断"等范畴由浅入深、层层递进的批判。①

对批判的方法的研究有:齐航指出,"恩格斯的批判是从历史性、整体性的视角出发,运用辩证的方法,对资产阶级政治经济学中的内在矛盾和问题进行批判"。② 此外,他还指出,"文本对资产阶级政治经济学做出了最初的批判,对无产阶级反对资产阶级的革命运动斗争提供了有力的思想武器"。③

对批判的意义的研究有:霍冠锦认为,"恩格斯始终坚持以历史唯物主义视角对资本主义私有制进行批判,明确把资本主义制度的基础指认为生产资料私有制,超越了传统资产阶级经济学家对资本主义私有制的认知和把握"。④ 陈沛丽认为,"《大纲》作为马克思主义的第一篇经济学著作,开启了批判理论视域中的具有根基意义的政治经济学批判,从而为建立起对资本主义社会的内在批判维度。这种建立在资本主义社会的经济基础之上的科学内在批判逻辑,对促进马克思主义的历史唯物主义观和政治经济学批判理论得发展和成熟作出了重要贡献"。⑤ 李锦涛认为,"通过梳理恩格斯在《大纲》中进行的各种批判,重新思考马克

---

① 霍冠锦:《恩格斯〈国民经济学批判大纲〉对资本主义私有制的批判》,深圳大学硕士论文,2020年。
② 齐航:《〈国民经济学批判大纲〉中的"批判"》,载《淮北职业技术学院学报》,2018年第3期,第17页。
③ 齐航:《〈国民经济学批判大纲〉中的"批判"》,载《淮北职业技术学院学报》,2018年第3期,第17页。
④ 霍冠锦:《恩格斯〈国民经济学批判大纲〉对资本主义私有制的批判》,深圳大学硕士论文,2020年。
⑤ 陈沛丽:《青年恩格斯对私有制的内在批判——基于〈国民经济学批判大纲〉核心经济范畴的考察》,载《宁夏党校学报》,2020年第3期,第40页。

思主义者使用批判之武器的具体语境和方法论,尝试理解批判的武器对马克思主义批判观建构发挥的巨大作用"。①

(2) 科技思想

关于《大纲》在科技思想方面的研究,学者们集中研究了科学技术对生产力的提高以及人类社会发展具有重大作用。学者霍冠锦认为"科学的迅速发展,促进了生产力的快速提高,对人的文明程度的进步及整个社会的发展也有很大的作用"。②

关于研究科学技术促进生产力提高方面的作用。刘畅和王蒲生认为"他(恩格斯)从国民经济学研究的角度出发,提出资本、劳动、科学技术及精神思想是生产力三大要素的论断,开创性地将科学技术发明纳入生产力范畴,提出科学技术应用是实现生产力跳跃性发展的重要动力"。③ 陈仕伟和郭梦瑶认为"恩格斯揭示了科学技术在生产中的巨大作用,将其视为生产要素中的第三要素;并以此为武器批判了马尔萨斯的人口论以及资产阶级经济学的反人道本质;指出了科学技术与劳动力对立的资本主义制度根源;进而预示了科学技术与社会的紧密互动关系"。④

关于研究科学技术促进人类社会发展方面的作用。晏湘涛、张华认为"恩格斯在青年时期已经形成比较完整的科技思想,集

---

① 李锦涛:《论何谓马克思主义者的彻底批判——以恩格斯〈国民经济学批判大纲〉为例》,载《西部学刊》,2021年第2期,第27页。
② 霍冠锦:《恩格斯〈国民经济学批判大纲〉对资本主义私有制的批判》,深圳大学硕士论文,2020年,第40页。
③ 刘畅、王蒲生:《〈恩格斯国民经济学批判大纲〉的科学技术思想及其当代意义》,载《当代经济研究》,2020年,第1—6页。
④ 陈仕伟、郭梦瑶:《恩格斯〈国民经济学批判大纲〉的科学技术思想研究》,载《重庆三峡学院学报》,2022年第38期,第31页。

中体现在其《国民经济学批判大纲》一文中。恩格斯强调科学技术是社会发展的强大动力,从历史时间尺度来看具备正面的价值;指出在资本主义条件下科学技术成为工人受奴役的重要根源,而正确发挥科学技术的作用有赖于根本的社会变革;指出科技在资本主义制度是生态破坏的根本原因,利用科学技术来构建生态文明必须变革社会制度;揭示了科学技术发展的宏观规律,从而为正确认识科学技术的历史作用提供了新的视角"。①

3. 关于《大纲》历史意义与当代价值的研究

(1) 历史意义

关于《大纲》的历史意义分析,学界也有众多观点。

学者蒋红认为,《大纲》对私有制的深刻批判已经实质性地超越了国民经济学的研究范畴,并且为马克思深入研究资本主义经济过程、揭示私有制的异化本质提供了理论方面的启示与借鉴。②

众多学者皆认为这部天才的《大纲》有不同方面的开创性意义。学者朱成全、陈潇、董俊逸提出"《国民经济学批判大纲》最先表明了马克思主义政治经济学的无产阶级立场"③的观点。学者白刚认为,《大纲》在马克思主义发展史上首次展开了对资产阶级"政治经济学"的批判。④除了批判资产阶级理论、表明

---

① 晏湘涛、张华:《恩格斯〈国民经济学批判大纲〉中的科技思想探析》,载《佛山科学技术学院学报》(社会科学版),2015年第33期,第25—30页。
② 蒋红:《论恩格斯对唯物史观创立的重要贡献——基于〈国民经济学批判大纲〉的文本研究》,载《马克思主义研究》,2022年第3期,第100页。
③ 朱成全、陈潇、董俊逸:《马克思恩格斯政治经济学批判思想的当代价值》,载《财经问题研究》,2021年第3期,第13—14页。
④ 白刚:《〈国民经济学批判大纲〉:〈资本论〉的"底本"》,载《马克思主义理论学科研究》,2021年第3期,第40页。

无产阶级立场以外，学者马列认为，《大纲》还有一个巨大的历史意义。唯物辩证法、生产力理论在《大纲》中首次得到运用与阐发，这体现了《大纲》为马克思主义政治经济学的科学的方法论基础——辩证唯物主义和历史唯物主义提供了一个良好的开端，它表明这一理论已经开始萌芽和逐步成长起来。①《大纲》不仅对马克思主义政治经济学有着重大历史意义，对马克思主义的发展也有着前瞻性的影响。学者余斌认为"这部天才的《大纲》对私有制的前瞻性批判奠定了《共产党宣言》的基调"。②

（2）当代价值

学者余斌指出，"当今的西方经济学仍然在宣扬的一些主要观点在100多年前就被这部天才的《大纲》批判过了，这部《大纲》对私有制进行了前瞻性批判，对竞争进行了天才的分析，直到今天都具有重大意义"。③ 由此可见，《大纲》里丰富的、前瞻性的思想理论不仅在当时对马克思主义政治经济学的形成和发展有着重大意义，对当代中国、世界经济的发展也有着重要的借鉴意义与研究价值。

首先是科技思想的当代价值。学者陈仕伟、郭梦瑶认为，研究《大纲》有助于我们系统地学习和掌握马克思主义科学技术思想，

---

① 马列：《恩格斯〈国民经济学批判大纲〉的研究》，黑龙江大学硕士论文，2013年，第24—30页。
② 余斌：《〈国民经济学批判大纲〉的历史意义和当代价值》，载《当代经济学研究》，2020年第4期，第8页。
③ 余斌：《〈国民经济学批判大纲〉的历史意义和当代价值》，载《当代经济学研究》，2020年第4期，第5页。

对建设创新型国家有重要指导意义。① 学者刘畅、王蒲生认为，《大纲》中阐述的科学技术思想与时俱进，特别是创新理论的提出为科学技术及精神思想劳动通过产业化与商业化活动推动生产力发展提供了新的认识视角。而新中国成立至今七十余年，经过不断探索，形成了科技强国、建设创新型国家经验，又为恩格斯的科学技术思想提供了理论和实践的支持。《大纲》中的科学技术哲学与创新思想历久弥新，在这个新时代仍然显示出强大的生命力，对当今世界发展格局下构建中国特色社会主义理论具有重要的启示意义。②

其次，《大纲》对当代中国特色社会主义经济的发展也有着重要研究价值。学者霍冠锦认为，《大纲》中关于私有制问题的批判具有重要的理论意义和现实意义，对当今中国的发展也有启发作用。③ 学者王冠珠认为，研究《大纲》中的经济思想具有深刻的实践意义，可以帮助我们更好地理解、运用马克思主义理论，从而指导中国实践；运用恩格斯早期的经济思想研究方法，建设特色的社会主义。④ 学者林修能认为，从劳动与资本的关系来看，恩格斯揭示了资本无序扩张带来的对劳动人民的压迫与剥削；从人与自然的关系来看，恩格斯揭示了土地垄断的危害与不道德性，揭示了人与自然密不可分的整全性。《大纲》蕴含着无

---

① 陈仕伟、郭梦瑶：《恩格斯〈国民经济学批判大纲〉的科学技术思想研究》，载《重庆三峡学院学报》，2022年第二期，第31页。
② 刘畅、王蒲生：《恩格斯〈国民经济学批判大纲〉的科学技术思想及其当代意义》，载《当代经济研究》，2020年，第1—6页。
③ 霍冠锦：《恩格斯〈国民经济学批判大纲〉对资本主义私有制的批判》，深圳大学硕士论文，2020年，第31页。
④ 王冠珠：《恩格斯〈国民经济学批判大纲〉经济思想的历史影响与当代价值》，西安工业大学硕士论文，2021年，第2页。

限的哲学潜力，值得我们深入研究，读出新东西、服务于时代。①《大纲》中的科学思想不仅对中国特色社会主义经济有着重要价值，对全球化程度不断加深的经济来说更是一笔巨大的财富。学者余斌认为，《大纲》虽然写作于180年之前，但它的内容对于我们今天认识当今的西方经济学的错误和习近平新时代中国特色社会主义思想的远见卓识仍然具有巨大价值。②学者朱晓彤认为从《大纲》中获得的启示有三：一是要扭转"金钱至上"的财富观，把人民群众的需要放在突出位置；二是要反思经济学的私有制前提，注重公有制经济优势的发挥；三是新时代经济学要有国际视野，着眼于全球减贫事业。③

青年恩格斯政治经济学批判的当代价值意蕴十分丰富。学者孙喜香、薛俊强认为，重塑青年恩格斯的政治经济学批判，有助于洞察当代资本主义新变化及其自由化市场意识形态的实质；有助于切实推动当代中国马克思主义的创新性研究，更好推动对当代中国转型期的社会问题研究；有助于探索以马克思主义为思想引领的当代中国社会科学理论创新，深切体会恩格斯的政治经济学批判在社会科学研究范式方面的革命性变革。④

---

① 林修能：《恩格斯关于竞争的哲学反思——对〈国民经济学批判大纲〉的考察》，载《北京科技大学学报（社会科学版）》，2021年第6期，第619—620页。
② 余斌：《〈国民经济学批判大纲〉的历史意义和当代价值》，载《当代经济学研究》，2020年第4期，第7页。
③ 朱晓彤：《恩格斯对财富与贫困关系的初步探索及其当代价值——基于〈国民经济学批判大纲〉的文本考究》，载《理论界》，2022年第4期，第27页。
④ 孙喜香、薛俊强：《青年恩格斯的政治经济学批判及其时代价值意蕴——基于〈国民经济学批判大纲〉和〈英国工人阶级状况〉的考察》，载《经济学家》，2020年第12期，第29—31页。

4. 关于《大纲》的评价研究

(1)《大纲》的正面评价

在对《大纲》的评价研究方面，学者们坚持实事求是的原则，并积极挖掘《大纲》的进步意义。如：余斌认为，"这部《大纲》也有它的历史局限性，但瑕不掩瑜，而且其中之瑕已经被马克思的《资本论》纠正过了"。①霍冠锦认为，"针对恩格斯《大纲》中关于'价值'的观点，我们应坚持以辩证的观点去看待，既要看到其存在的不足，又要看到其合理的部分"。②唐正东认为，"《大纲》中基于竞争关系的价值理论，虽然说明恩格斯对此时还没有进入私有制条件下商品交换关系的本质层面，但它却为恩格斯在以后的思想发展中对私有制社会内在矛盾的正确分析奠定了正确的方法论原则。这在一定意义上也为他与马克思一道构建科学的唯物史观提供了重要的方法论前提"。③李福岩认为，"《大纲》在个别思想观点上还不是很完善的马克思主义政治经济学作品，恩格斯和马克思后来都发现并指出自己早期作品的不成熟之处，但是，这不妨碍《大纲》成为无愧于时代的马克思主义政治经济学奠基之作，也并不妨碍恩格斯和马克思青年时代作品

---

① 余斌：《〈国民经济学批判大纲〉的历史意义和当代价值》，载《当代经济学研究》，2020年第4期，第5页。
② 霍冠锦：《恩格斯〈国民经济学批判大纲〉对资本主义私有制的批判》，深圳大学硕士论文，2020年，第14页。
③ 唐正东：《基于竞争的价值理论：青年恩格斯对政治经济学批判的初步探索——恩格斯〈国民经济学批判大纲〉中的价值理论评析》，载《四川大学学报》（哲学社会科学版），2019年第3期，第13页。

所闪耀的真理光芒与历史价值"。①马宁认为,"不能否认'批判经济学范畴的天才大纲'在马克思主义发展史上重要的转折性、开创性的地位,研究《大纲》对马克思主义发展的影响对于我们认识马恩思想的转折,系统地把握马克思主义的发展具有重要的意义"。②

(2)《大纲》的局限性

虽然对《大纲》的进步性研究是主要方面,但许多学者也看到了《大纲》的局限性。如:陈沛丽认为,"《大纲》还是未能完全切中资本主义社会的基本矛盾及其运动规律,具有一定的历史局限性"。③蒋红认为,"恩格斯在《大纲》中对'生产力尺度'的初步掌握还没有完全超越国民经济学的研究视野"。④黄学胜认为,"对马克思来说,政治经济学批判不能如恩格斯那样停留在提出消灭私有制的要求,而应该进一步在社会历史和实践的高度上揭示私有制得以消灭的可行道路以及往后发展的方向所在;也不应如恩格斯那样停留于对自然科学的片面倚重,而应补充关于人的科学的哲学思想"。⑤霍冠锦认为,"恩格斯在《大纲》中对

---

① 李福岩:《恩格斯对马克思政治经济学研究的直接促发——基于〈国民经济学批判大纲〉的考察与评价》,载《改革与策略》,2020年第5期,第29页。
② 马宁:《恩格斯早期政治经济学研究在马克思主义发展中的作用——以〈国民经济学批判大纲〉文本分析为例》,载《中共南昌市委党校学报》,2016年14第6期,第10页。
③ 陈沛丽:《青年恩格斯对私有制的内在批判——基于〈国民经济学批判大纲〉核心经济范畴的考察》,载《宁夏党校学报》,2020年第3期,第39页。
④ 蒋红:《论恩格斯对唯物史观创立的重要贡献——基于〈国民经济学批判大纲〉的文本研究》,载《马克思主义研究》,2022年第3期,第99页。
⑤ 黄学胜:《在差异中共进:马克思恩格斯早期思想关系——基于〈国民经济学批判大纲〉与〈1844年经济学哲学手稿〉的比较》,载《厦门大学学报》(哲学社会科学版),2020年第6期,第8页。

价值理论的论述,既有其合理的因素,也存在着一些缺陷和不足,对科学技术的认识也存在一些不足;在恩格斯的唯物史观理论体系还没形成之前,他的许多重要思想还停留在思想萌芽的阶段,所以对某些问题的理解还不够深入;恩格斯对国民经济学的考察还停留在感性的经验层面上,没有形成理性、系统的分析,对国民经济学的总体认知还有些不足"。① 有的学者还指出了《大纲》存在局限性的原因,如:马列认为《大纲》的局限性主要是深受庸俗经济学的影响,保留着费尔巴哈人本主义思想。②马宁认为,"恩格斯虽然在《大纲》中展现了对资本主义政治经济学的强烈的批判态度,但仍不能完全摆脱空想社会主义和费尔巴哈人本主义的影响,在对资本主义经济认识不够彻底、不够深入的部分,还是更多的回归到对人的本质的立场上,对其进行批判"。③ 王冠珠认为,"那时,恩格斯一直谦虚公正看待他的理论贡献。他曾经明确指出,《大纲》中提出的意识形态理念还不成熟,没有对于资产阶级的政治经济学问题进行充分、详尽的研究和批判,在深入分析资本主义的经济发展现象时常常提出一些道义上的批评,而又未能从根本上彻底摆脱费尔巴哈人道主义的哲学思想、空想的社会主义者傅立叶和青年黑格尔派

---

① 霍冠锦:《恩格斯〈国民经济学批判大纲〉对资本主义私有制的批判》,深圳大学硕士论文,2020年,第28—29页。
② 马列:《恩格斯〈国民经济学批判大纲〉的研究》,黑龙江大学硕士论文,2013年,第33—35页。
③ 马宁:《恩格斯早期政治经济学研究在马克思主义发展中的作用——以〈国民经济学批判大纲〉文本分析为例》,载《中共南昌市委党校学报》,2016年第6期,第10页。

的影响"。①

(三) 总结

1. 当前研究所取得的成绩与不足

近年来,学界坚持从多个视角对《大纲》进行了研究与探析,取得了一定的成绩,有助于理解和掌握《大纲》的思想内容、历史意义与当代价值等。当前研究所取得的成绩主要体现在以下几个方面:第一,对《大纲》中蕴含的基本思想作了针对性的阐述。如:科技思想、人学思想、经济哲学思想、科学社会主义思想等。第二,对《大纲》中包含的"批判"内容进行了全面的梳理和概括。如:将对资本主义政治经济学的批判、对马尔萨斯人口论的批判、对资产阶级本质的批判以及对"价值""资本""劳动""竞争"和"垄断"等范畴的批判统归于对私有制的批判。第三,对《大纲》的历史意义与当代价值作了深入探究。如:《大纲》对马克思个人发展的意义、马克思主义政治经济学发展的意义乃至整个马克思主义发展的重大意义,还有《大纲》对中国实行改革开放和走中国特色社会主义经济道路的现代启示。

虽然学界对《大纲》的研究取得了一定的成果,但不可否认目前学界对《大纲》的研究还存在许多薄弱之处。当前研究存在的不足,主要体现在以下几个方面:第一,对《大纲》的研究整

---

① 王冠珠:《恩格斯〈国民经济学批判大纲〉经济思想的历史影响与当代价值》,西安工业大学硕士论文,2021 年,第 24 页。

体上不够重视。笔者在知网上对《大纲》进行篇名查询，只有30多篇文献，数量较少；对比而言，研究《资本论》的文献、专著汗牛充栋，而且每年都会召开各种类型的学术研讨会和纪念会；第二，对《大纲》中基本思想的研究缺乏整体性和系统性。就目前学界对《大纲》中基本思想的研究主要是以分散的期刊文献为主，如人学思想、科技思想等，并没有对各类思想进行整体性和系统性的梳理；第三，就《大纲》对中国经济发展的当代价值研究不够充分。当前学界就《大纲》对中国经济发展的价值，基本上都是在文章的某个部分提及，大部分都是在宏观上泛泛而谈，如："《大纲》对当代中国经济大发展具有重要价值"等阐述，不仅缺乏专门研究这方面内容的文章，而且缺乏就中国经济发展目前存在的某个问题进行深入的研究与探讨。

2. 对《大纲》进一步研究的思考

为了更进一步地理解和掌握《大纲》的思想内容、历史地位和现实意义，笔者认为可以从以下几个方面入手。首先，加大对《大纲》的研究力度。补齐对《大纲》专题、专著的研究，并且积极开展《大纲》的学术研讨会，进一步丰富《大纲》的研究成果。其次，借鉴相关学科的研究范式。可以与历史学、哲学、思想政治教育学等学科交叉研究，注重研究《大纲》中基本思想理论的内在关联性。最后，进一步挖掘《大纲》对中国现实意义的启示。理论来源于现实并且服务于现实，只有服务于现实，理论才算完成了自己的使命。因此，根据当前时代背景，结合当今中国的实际，加强对中国市场经济中存在问题的研究，并给予针对性的解决措施是《大纲》未来研究的一个重点方向。

第二部分

《国民经济学批判大纲》全文句读

弗·恩格斯
国民经济学批判大纲[16]

一、新经济学批判句读

国民经济学[5]的产生是商业扩展的自然结果，随着它的出现，一个成熟的允许欺诈的体系、一门完整的发财致富的科学代替了简单的不科学的生意经。

国民经济学的产生是资本主义生产方式日渐成熟的要求、标志和体现。资本财产的目标是追逐价值的增殖，无论在形式上看起来多么科学合理，其本质都是为资本财产的逐利性披上合法外衣。国民经济学掩盖的正是"允许欺诈"和"发财致富"的"生意经"。

这种从商人的彼此妒忌和贪婪中产生的国民经济学或发财致富的科学，在额角上带有最令人厌恶的自私自利的烙印。人们还有一种幼稚的看法，以为金银就是财富，因此必须到处从速禁止"贵"金属出口。各国像守财奴一样相互对立，双手抱住自己珍爱的钱袋，怀着妒忌心和猜疑心注视着自己的邻居。他们使用一切手段尽可能多地骗取那些与自己通商的民族的现钱，并使这些侥幸赚来的钱好好地保持在关税线以内。

"国民经济学或发财致富的科学"源自于资本财产人格化的

商人自私自利的本性。因为商人追求的是价值增殖，其行为异于常人追求使用价值之目的。不是为谋求更多商品而展开经济活动，而是把"彼此妒忌和贪婪"指向金银。他们混淆了经济目的和手段，无视商品的财富属性，而把撬动商品流通的金银当作财富本身。这种错误的认知同样体现在国与国、民族与民族的关系之中，其以关税为界限、以金银为争夺对象。一方面"怀着妒忌心和猜疑心注视着自己的邻居"并"双手抱住自己珍爱的钱袋"，另一方面又想尽各种办法"尽可能多地骗取那些与自己通商的民族的现钱"。

如果完全彻底地实行这个原则，那就会葬送商业。因此，人们便开始跨越这个最初的阶段。他们意识到，放在钱柜里的资本是死的，而流通中的资本会不断增殖。于是，人们变得比较友善了，人们开始把自己的杜卡特①当做诱鸟放出去，以便把别人的杜卡特一并引回来，并且认识到，多花一点钱买甲的商品一点也不会吃亏，只要能以更高的价格把它卖给乙就行了。

然而，价值增殖必须建立在正常的国民经济运转基础之上，生产、分配、交换和消费缺一不可，守财奴式的做法必然从多个环节破坏这一循环，以至于最终"葬送商业"。当商人资本家认识到这一点的时候，便能够跨越这一最初阶段。但他们玩弄的仍然是一种欺骗性的游戏，商品只不过是他们获得更多价值的工具，投入到流通中的"杜卡特"作为"诱鸟放出去"，是为了把更多的"别人的杜卡特一并引回来"。

---

① 14—19世纪欧洲许多国家通用的货币。——编者注

重商主义[17]体系就建立在这个基础上。商业的贪婪性已多少有所遮掩；各国多少有所接近，开始缔结通商友好条约，彼此做生意，并且为了获得更大的利润，甚至尽可能地互相表示友爱和亲善。但实质上还是同从前一样贪财和自私，当时一切基于商业角逐而引起的战争就时时露出这种贪财和自私。这些战争也表明：贸易和掠夺一样，是以强权为基础的；人们只要认为哪些条约最有利，他们就甚至会昧着良心使用诡计或暴力强行订立这些条约。

在放弃最初的"守财奴"原则之后，"诱鸟"原则占据主导地位，由此重商主义体系得以建立。以往因"彼此妒忌和贪婪"而形成的对立有所遮掩，代之以表现为"缔结通商友好条约"的"友爱和亲善"。资本财产之间的交往关系主要有两种，一为看似平等的交换，二为直接不平等的掠夺，这两种关系表现在国与国之间就是贸易与战争。两种关系的背后都是强权，即强势资本财产对弱势资本财产的压迫。达成的协议背后是诡计和暴力的较量。我国近代史上的各种"友好通商条约"无一不是"不平等条约"。

贸易差额论是整个重商主义体系的要点。正因为人们始终坚持金银就是财富的论点，所以他们认为只有那最终给国家带来现金的交易才是赢利交易。为了说明这一点，他们以输出和输入作比较。如果输出大于输入，那么他们就认为这个差额会以现金的形式回到本国，国家也因这个差额而更富裕。因此经济学家的本事就是要设法使输出和输入到每年年底有一个顺差。为了这样一个可笑的幻想，竟有成千上万的人被屠杀！商业也有了它的十字军征讨[18]和宗教裁判所[19]。

粉饰起来的重商主义体系并没有改变"最初的阶段"的目标，其仍以错误地把金银等同于财富、把价值等同于使用价值的认知为出发点，因此，贸易差额论为之要点。这种观点认为一国贸易顺差越多越富裕，也就是表现为金银的价值积累得越多越富裕。从而对经济学家的要求庸俗化为设计从他国攫取更多金银，即实现的顺差越大越好。从前述经济循环的分析我们已经知道，这只是一个无法实现的幻想。然而，却有成千上万的人因此送命，殖民扩张等充满血腥的事例类似于商业上的"十字军征讨和宗教裁判所"。

18世纪这个革命的世纪使经济学也发生了革命。然而，正如这个世纪的一切革命都是片面的，并且停留在对立的状态中一样，正如抽象的唯物主义和抽象的唯灵论相对立，共和国和君主国相对立，社会契约[20]和神权相对立一样，经济学的革命也未能克服对立。到处依然存在着下述前提：唯物主义不抨击基督教对人的轻视和侮辱，只是把自然界当做一种绝对的东西来代替基督教的上帝而与人相对立；政治学没有想去检验国家的各个前提本身；经济学没有想去过问**私有制的合理性**的问题。因此，新的经济学只前进了半步；它不得不背弃和否认它自己的前提，不得不求助于诡辩和伪善，以便掩盖它所陷入的矛盾，以便得出那些不是由它自己的前提而是由这个世纪的人道精神得出的结论。这样，经济学就具有仁爱的性质；它不再宠爱生产者，而转向消费者了；它假惺惺地对重商主义体系的血腥恐怖表示神圣的厌恶，并且宣布商业是各民族、各个人之间的友谊和团结的纽带。一切都显得十分辉煌壮丽,可是上述前提马上又充分发挥作用,而且创立了与这种伪善的博爱相对立的马尔萨斯人口论[21],这种理论是迄今存在过的体系中最粗暴、最野蛮的体系,是一种彻底否定关于仁爱和世界公民的一切美好言词的绝望体系;这些前提创造并发展了工厂制度和现代的奴隶制度,这种奴隶制度就它的无人性和残酷性来说并不亚于古代的奴隶制度。新的经济学,即以亚当·斯密的《国富论》①为基础的自由贸易体系,也同样是伪善、前后不一贯和不道德的。这种伪善、前后不一贯和不道德目前在一切领域中与自由的人性处于对立的地位。

18世纪属于资本主义发展的第一阶段,恩格斯认为这是一个"革命的世纪",一切都在发生革命,经济学也不例外,但这些革命都不彻底。恩格斯所指的主要是这些革命停留在对立状态中的片面性,包括抽象唯物主义与抽象唯灵论的对立、共和国与君主国的对立、社会契约与神权的对立等,经济学的革命也片面地表现为对立。许多根本问题都没有解决掉,只是进行了简单的对立项置换。唯物主义只是用自然界取代上帝的位置将之与人对立,却没有"抨击基督教对人的轻视和侮辱";而政治学没有想过应该去检验国家赖以存在的各个前提;经济学也没有想过应该去质疑私有制的合理性。在这个意义,恩格斯认为新经济学的革命只完成了一半。它的结论和前提并不兼容,而是"由这个世纪的人道精神得出的",只能通过诡辩和伪善来掩盖二者之间的矛盾。这就造成了非常荒谬的现象。一方面经济学改头换面了,似乎具

---

① 亚当·斯密《国民财富的性质和原因的研究》1776年伦敦版。——编者注

有了仁爱性质，宣扬友谊和团结，由宠爱生产者转为消费者，并且反对重商主义。另一方面，基于其本来前提又产生了马尔萨斯人口论和以亚当·斯密的《国富论》为代表的自由贸易体系，这都是对"关于仁爱和世界公民的一切美好言词"的否定。"这种伪善、前后不一贯和不道德目前在一切领域中与自由的人性处于对立的地位。"概而言之，马尔萨斯和亚当·斯密的理论都是否定劳动价值的理论，也就揭开了新经济学的底裤。挂着人道精神的羊头，卖的却是榨取剩余价值的狗肉。

可是，难道说亚当·斯密的体系不是一个进步吗？当然是进步，而且是一个必要的进步。为了使私有制的真实的后果能够显露出来，就有必要摧毁重商主义体系以及它的垄断和它对商业关系的束缚；为了使当代的斗争能够成为普遍的人类的斗争，就必要使所有这些地域的和国家的小算盘退居次要的地位；有必要使私有制的理论抛弃纯粹经验主义的、仅仅是客观主义的研究方法，并使它具有一种也对结果负责的更为科学的性质，从而使问题涉及全人类的范围；有必要通过旧经济学中包含的不道德加以否定的尝试，并通过由此而产生的伪善——这种尝试的必然结果——而使这种不道德达于极点。这一切都是理所当然的。我们乐于承认，只有通过对贸易自由的论证和阐述，我们才有可能超越私有制的经济学，然而我们同时也应该有权指出，这种贸易自由并没有任何理论价值和实践价值。

恩格斯站在无产阶级的立场上评价了亚当·斯密自由贸易体系的进步性。只有从全人类的角度才能够彻底看清楚资本财产的真实后果，而亚当·斯密体系助推了这一目标的实现。主要包括四个方面：摧毁重商主义对商业关系的束缚；使地域主义和国家主义的小算盘退居次要地位；抛弃私有制理论纯粹经验主义和客观主义研究方法；推动由伪善而形成的不道德达于极点。从这几个方面来说，无产阶级乐观其成并予以承认，因为其可以使问题及于全人类的范围，及于全人类的财产，而不再是地域和国家保护下的资本家的私有财产，这是对以资本财产为前提的"纯粹经验主义的、仅仅是客观主义的研究"的消灭。所以恩格斯认为，"对贸易自由的论证和阐述"有助于"超越私有制的经济学"，但归根结底，因其仍然是以资本财产为前提的，所以"这种贸易自由并没有任何理论价值和实践价值。"

我们所要评判的经济学家离我们的时代越近，我们对他们的判决就必定越严厉。因为斯密和马尔萨斯所看到的现成的东西只不过是一些片断，而在新近的经济学家面前却已经有了一套完整的体系；一切结论已经作出，各种矛盾已经十分清楚地显露出来，但是，他们仍不去检验前提，而且还是为整个体系负责。经济学家离我们的时代越近，离诚实就越远。时代每前进一步，为把经济学保持在时代的水平上，诡辩术就必然提高一步。因此，比如说，**李嘉图**的罪过比**亚当·斯密**大，而**麦克库洛赫**和**穆勒**的罪过又比**李嘉图**大。

恩格斯严厉批判新近的经济学家，因为他们能够看到比斯密和马尔萨斯更为完整的经济体系，更应该因着那些已经十分清楚地显露出来的各种矛盾而承认正确的结论。但是他们不但不去检验其资本财产前提，却仍然打着整个经济体系的旗号，为老一套诡辩，似乎经济学因此就能够保持在与时代要求相一致的水平上。由是可知，离我们时代越近的经济学家，越是谎话连篇。因此，尽管都必须批判，但"李嘉图的罪过比亚当·斯密大，而麦克库洛赫和穆勒的罪过又比李嘉图大。"

新近的经济学甚至不能对重商主义体系做出正确的评判，因为它本身就带有片面性，而且还受到重商主义的各个前提的拖累。只有摆脱这两种体系的对立，批判这两种体系的共同前提，并从纯粹人的、普遍的基础出发来看问题，才能够给这两种体系指出它们的真正的地位。那时大家就会明白，贸易自由的捍卫者是一些比旧的重商主义者本身更为恶劣的垄断者。那时大家就会明白，在新经济学家的虚伪的人道背后隐藏着旧经济学家闻所未闻的野蛮；旧经济学家的概念虽然混乱，与攻击他们的人的口是心非的逻辑比较起来还是单纯的、前后一贯的；这两派中任何一派对另一派的指责，都不会不落在自己头上。因此，新的自由主义经济学也无法理解李斯特为什么要恢复重商主义体系①，而这件事情我们却觉得很简单。前后不一贯的和具有两面性的自由主义经济学必然要重新分解为它的基本组成部分。正如神学不回到迷信，就得前进到到自由哲学一样，贸易自由必定一方面造成垄断的恢复，另一方面造成私有制的消灭。

新近的经济学与重商主义体系相对立，它不但不能正确评价后者，还受与后者一样的资本财产前提所束缚。只有把这两种体系回溯到共同的前提，"并从纯粹人的、普遍的基础出发来看问题"，才能对之予以正确定位。这样，大家就能区分新近的经济

---

① 弗·李斯特《政治经济学国民体系》第1卷《国际贸易、贸易政策和德国关税同盟》1841年斯图加特—蒂宾根版。——编者注

学与重商主义体系的不同,并可看出贸易自由的捍卫者比旧的重商主义者更为恶劣反动。这两派的互相攻击没有什么意义,攻击对方相当于自我攻击,因为它们的前提都是一样的。只不过,旧经济学家混乱的概念中蕴含的逻辑是一致的,而新经济学家则心口不一。所以,对于恩格斯来说,自然能看明白李斯特为什么要恢复重商主义体系,而这却令自由主义经济学大惑不解。由于新的自由主义经济学无法实现逻辑自洽,其必然倒退为重商主义体系的基本组成部分。这种情况类似于神学的命运,其要么回归迷信,要么发展为自由哲学。贸易自由或者造成垄断,或者"造成私有制的消灭。"

自由主义经济学达到的唯一的**肯定的**进步,就是阐述了私有制的各种规律。这种经济学确实包含这些规律,虽然这些规律还没有被阐述为最后的结论,还没有被清楚地表达出来。由此可见,在涉及确定生财捷径的一切地方,就是说,在一切严格意义的经济学上的争论中,贸易自由的捍卫者们是正确的。当然,这里指的是与支持垄断的人争论,而不是与反对私有制的人争论,因为正如英国社会主义者早就在实践中和理论上证明的那样[1],反对私有制的人能够从经济的观点比较正确地解决经济问题。

自由主义经济学在资本财产,即资本主义私有制的前提下,阐述了经济学的各种规律,只是这些规律尚未系统阐述并得出最后的结论。因此,在这种设定严格约束条件的经济学,目标指向

---

[1] 指约·弗·布雷、威·汤普森、约·瓦茨和他们的著作:布雷《劳动的不公正现象及其解决办法,或强权时代和公正时代》1839年利兹版;汤普森《最能促进人类幸福的财富分配原理的研究》1824年伦敦版;瓦茨《政治经济学家的事实和臆想:科学原则论述,去伪存真》1842年曼彻斯特—伦敦版。——编者注

生财之道的经济学中，奉行贸易自由的捍卫者们无疑是正确的。但这种争论是浅层次的，仅仅是在资本财产基础上捍卫贸易自由者和支持垄断者两派之争，而不是有关支持与反对资本主义私有制的根本之争。而要真正地解决经济问题，就需要反对资本主义私有制，这一点英国社会主义者早就在实践中和理论上予以证明。

因此，我们在批判国民经济学时就要研究它的基本范畴，揭露自由贸易体系所产生的矛盾，并从这个矛盾的两个方面做出结论。

所以恩格斯认为，批判国民经济学就要着手于研究它的基本范畴，进而才能够揭露自由贸易体系所产生的内在矛盾，并从该矛盾的两个方面得出科学结论。

国民财富这个用语是由于自由主义经济学家努力进行概括才产生的。只要私有制存在一天，这个用语便没有任何意义。英国人的"国民财富"很多，他们却是世界上最穷的民族。人们要么完全抛弃这个用语，要么采用一些使它具有意义的前提。国民经济学，政治经济学，公共经济学等用语也是一样。在目前的情况下，应该把这种科学称为**私**经济学，因为在这种科学看来，社会关系只是为了私有制而存在。

资本主义私有制是自由主义经济学的根源，因此，其也可以被称为私经济学。所有这种经济学的术语都没有任何意义，这些用语包括国民财富、国民经济学、政治经济学、公共经济学等。比如，英国人的"国民财富"（The Wealth of Nations）很多，但他们实际上是世界上最穷的民族。这些用语都应该被废弃，或者为它们设定有意义的前提。

私有制产生的最直接的结果就是**商业**,即彼此交换必需品,亦即买和卖。在私有制的统治下,这种商业与其他一切活动一样,必然是经商者收入的直接源泉;就是说,每个人必然要尽量设法贱买贵卖。因此,在任何一次买卖中,两个人总是以绝对对立的利益相对抗;这种冲突带有势不两立的性质,因为每一个人都知道另外一个人的意图,知道另一个人的意图是和自己的意图相反的。因此,商业所产生的第一个后果是:一方面互不信任,另一方面为这种互不信任辩护,采取不道德的手段来达到不道德的目的。例如,商业的第一条原则就是对一切可能降低有关商品的价格的事情都绝口不谈,秘而不宣。由此可以得出结论,在商业中允许利用对方的无知和轻信来取得最大利益,并且也同样允许夸大自己的商品本来没有的品质。总而言之,商业是合法的欺诈。任何一个商人,只要他说实话,他就会证明实践是符合这个理论的。

恩格斯批判私有制的直接结果商业。在私有制的前提下,商业作为一个独立的部门和别的部门一样,是经商者的直接收入来源,每个人都会设法贱买贵卖。在每一次买卖中,买方和卖方都是为各自利益博弈的对手,是一种零和行为,双方势不两立、意图相反、心里有数。因此,商业的本质是"合法的欺诈"。买卖双方"互不信任",但又"为这种互不信任辩护",而"采取不道德的手段来达到不道德的目的"。商业活动中抬高商品价格、夸大商品品质、"利用对方的无知和轻信来取得最大利益"等都是常态。商人们都是心知肚明的,这是实践的写照。

重商主义体系在某种程度上还具有某种纯朴的天主教的坦率

精神，它丝毫不隐瞒商业的不道德的本质。我们已经看到，它怎样公开地显露自己卑鄙的贪婪。18世纪各民族间的相互敌视、可憎的妒忌以及商业角逐，都是贸易本身的必然结果。社会舆论既然还不具有人道精神，那么何必要掩饰从商业本身的无人性的和充满敌意的本质中所产生的那些东西呢？

重商主义体系具有类似于天主教的坦率精神，因为它没有掩盖商业的不道德本质，"自己卑鄙的贪婪"都是公开的。18世纪各民族间的肮脏行为都是商业本质的直接体现。当时，重商主义还处于迅速发展时期，社会舆论还不具有人道精神，也就无法掩饰这些赤裸裸的无人性行为。

但是，当**经济学中的路德**①，即亚当·斯密，批判过去的经济学的时候，情况大大地改变了。时代具有人道精神了，理性起作用了，道德开始要求自己的永恒权利了。强迫订立的通商条约、商业战争、各民族间的严重孤立状态与前进了的意识异常激烈地发生冲突。新教的伪善代替了天主教的坦率。斯密证明，人道也是由商业的本质产生的，商业不应当是"纠纷和敌视的最丰产的源泉"，而应当是"各民族、各个人之间的团结和友谊的纽带"（参看《国富论》第4卷第3章第2节②）；理所当然的是，商业总的说来对它的**一切**参加者都是有利的。

恩格斯承认亚当·斯密的重要地位，堪比经济学中的路德。到了亚当·斯密的时代，人道精神开始盛行，理性和道德占据重

---

① 马克思在《1844年经济学哲学手稿》中对这个提法作了解释，见《马克思恩格斯文集》第1卷第178—179页。——编者注

② 亚·斯密：《国民财富的性质和原因的研究》（四卷集），1828年爱丁堡版。——编者注

要地位,这就是亚当·斯密批判重商主义的大背景。然而,所谓的人道精神和理性只不过是资本主义私有制恶果的遮羞布,"强迫订立的通商条约、商业战争、各民族间的严重孤立状态与前进了的意识异常激烈地发生冲突。"只不过是用伪善的新教意识代替了坦率的天主教意识。而斯密却肯定了商业,认为人道源于商业本质,尽管商业带来一定"纠纷和敌视",但更重要的是作为"各民族、各个人之间的团结和友谊的纽带"而存在。也就是说,参与商业利远大于弊。

斯密颂扬商业是人道的,这是对的。世界上本来就没有绝对不道德的东西;商业也有对道德和人性表示尊重的一面。但这是怎样的尊重啊!当中世纪的强权,即公开的拦路行劫转到商业时,这种行劫就变得具有人道精神了;当商业上以禁止货币输出为特征的第一个阶段转到重商主义体系时,商业也变得具有人道精神了。现在连这种体系本身也变得具有人道精神了。当然,商人为了自己的利益必须与廉价卖给他货物的人们和高价买他的货物的人们保持良好的关系。因此,一个民族要是引起它的供应者和顾客的敌对情绪,就太不明智了。它表现得越友好,对它就越有利。这就是商业的人道,而滥用道德以实现不道德的意图的伪善方式就是自由贸易体系引以自豪的东西。伪君子叫道:难道我们没有打倒垄断的野蛮吗?难道我们没有把文明带往世界上遥远的地方去吗?难道我们没有使各民族建立起兄弟般的关系并减少了战争次数吗?不错,这一切你们都做了,然而你们是**怎样**做的啊!你们消灭了小的垄断,以便使**一个**巨大的根本的垄断,即所有权,更自由地、更不受限制地起作用,你们把文明带到世界的各个角落，以便赢得新的领域来扩张你们卑鄙的贪欲；你们使各民族建立起兄弟般的关系——但这是盗贼的兄弟情谊；你们减少了战争次数，以便在和平时期赚更多的钱，以便使各个人之间的敌视、可耻的竞争战争达到巅峰造极的地步！你们什么时候做事情是从纯粹的人道出发，是从普遍利益和个人利益之间的对立毫无意义这种意识出发的呢？你们什么时候讲过道德，而不图谋私利，不在心底隐藏一些不道德的、利己的动机呢？

斯密颂扬商业的人道性某种程度上是对的，因为世界上本来就没有绝对不道德的东西，商业也是如此。但这种对人道的尊重非常可笑，商业只不过是中世纪强权的公开劫掠的另一种形式，好像"这种行劫就变得具有人道精神了"。同样，当"以禁止货币输出为特征的第一个阶段"的商业转化为重商主义体系时，"商业也变得具有人道精神了"，"现在连这种体系本身也变得具有人道精神了。"从现实角度来看，商人为了自己的利益必须与他的上下游"保持良好的关系"，尤其是那些"廉价卖给他货物的人们和高价买他的货物的人们"。同样，一个民族也不能引起他上游的供应者和下游的顾客敌对情绪，"它表现得越友好，对它就越有利。"这就是商业所说的人道主义，自由贸易体系尤以这种"滥用道德以实现不道德的意图的伪善方式"为自豪。这种方式表面上"打倒垄断的野蛮"，"把文明带往世界上遥远的地方"，"使各民族建立起兄弟般的关系并减少了战争次数"，似乎非常人道。但是，"消灭了小的垄断"背后是巩固资本主义私有制"更自由地、更不受限制地起作用"的垄断地位。"把文明带到世界的各个角落"背后是"赢得新的领域来扩张""卑鄙的贪欲"。

"使各民族建立起兄弟般的关系"背后是"盗贼的兄弟情谊"。"减少了战争次数"背后是"在和平时期赚更多的钱,以便使各个人之间的敌视、可耻的竞争战争达到巅峰造极的地步!"恩格斯讽刺资本家的伪善,指出他们做事情从来不是"从纯粹的人道出发","从普遍利益和个人利益之间的对立毫无意义这种意识出发",背后隐藏着"不道德的、利己的动机"。

自由主义的经济学竭力用瓦解各民族的办法来使敌对情绪普遍化,使人类变成一群正因为每一个人具有与其他人相同的利益而互相吞噬的凶猛野兽——竞争者不是凶猛野兽又是什么呢?自由主义的经济学做完这个准备工作之后,只要再走一步——使家庭解体——就达到目的了。为了实现这一点,它自己美妙的发明即工厂制度助了它一臂之力。共同利益的最后痕迹,即家庭的财产共有被工厂制度破坏了,至少在这里,在英国已处在瓦解的过程中。孩子一到能劳动的时候,就是说,到了九岁,就靠自己的工钱过活,把父母的家只看做一个寄宿处,付给父母一定的膳宿费。这已经是很平常的事了。还能有别的什么呢?从构成自由贸易体系的基础的利益分离,还能产生出什么别的结果呢?一个原则一旦被运用,它就会自行贯穿在它的一切结果中,不管经济学家们是否乐意。

自由主义的经济学的核心问题是竞争,但竞争建立在民族的瓦解、敌对情绪普遍化的基础之上,从而人类"变成一群正因为每一个人具有与其他人相同的利益而互相吞噬的凶猛野兽"。自由主义经济学家通过摧毁家庭的方式制造无数的竞争者,工厂制度破坏了家庭的财产共有制度,英国正处于瓦解过程中。孩子与家庭的关系已经非比从前,家是父母的,孩子只是寄宿者。到了九岁就得"靠自己的工钱过活",要"付给父母一定的膳宿费。"这些事情已经司空见惯。利益的彼此分离是"自由贸易体系的基础",这一原则已经被"贯穿在它的一切结果中",渗透到社会的方方面面,无论经济学家作何感想。

然而,经济学家自己也不知道他在为什么服务。他不知道,他的全部利己的论辩只不过构成人类普遍进步的链条中的一环。他不知道,他瓦解一切私人利益只不过替我们这个世纪面临的大转变,即人类与自然的和解以及人类本身的和解开辟道路。

经济学家并不能够真正认识到他在为什么服务,尽管他全部辩论的出发点都是利己。其实这种辩论"只不过构成人类普遍进步的链条中的一环"。他瓦解一切私人利益,是不自觉地"替我们这个世纪面临的大转变,即人类与自然的和解以及人类本身的和解开辟道路"。

二、价值和生产费用批判句读

商业形成的第一个范畴是**价值**。关于这个范畴和其他一切范畴,在新旧两派经济学家之间没有什么争论,因为直接热衷于发财致富的垄断主义者没有多余时间来研究各种范畴。关于这类论点的所有争论都出自新近的经济学家。

商业催生的第一个范畴是价值。有关价值和其他一切范畴,"在新旧两派经济学家之间没有什么争论",因为他们是"直接热衷于发财致富的垄断主义者",不会有多余时间来研究这些。因此，相关的争论都发生在新近的经济学家之间。

靠种种对立活命的经济学家当然也有一种**双重的**价值：抽象价值（或实际价值）和交换价值。关于实际价值的本质，英国人和法国人萨伊进行了长期的争论。前者认为生产费用是实际价值的表现，后者则说什么实际价值要按物品的效用来测定。这个争论从本世纪初开始，后来停息了，没有得到解决。这些经济学家是什么问题也解决不了的。

经济学家习惯于用对立描述各种范畴，价值也是如此，他们提出了双重价值：抽象价值（或实际价值）和交换价值。当时的争论主要是围绕实际价值的本质进行的，分为两派，英国人认为实际价值是生产费用，法国人萨伊认为实际价值是物品的效用。这一争论从本世纪开始到停息都没有得出结论，"这些经济学家是什么问题也解决不了的。"

这样，英国人——特别是麦克库洛赫和李嘉图——断言，物品的抽象价值是由生产费用决定的。请注意，是抽象价值，不是交换价值，不是 exchangeable value，不是商业价值；至于商业价值，据说完全是另外一回事。为什么生产费用是价值的尺度呢？请听！请听！因为在通常情况下，如果把竞争关系撇开，没有人会把物品卖得低于它的生产费用。没有人会卖吧？在这里，既然不谈**商业**价值，我们谈"卖"干什么呢？一谈到"卖"，我们就要让我们刚才要撇开的商业重新参加进来，而且是这样一种商业！一种不把主要的东西即竞争考虑在内的商业！起初我们有一种抽象价值，现在又有一种抽象商业，一种没有竞争的商业，就是说有一个没有躯体的人，一种没有产生思想的大脑的思想。难道经济学家根本没有想到，一旦竞争被撇开，那就保证不了生产者正是按照他的生产费用来卖自己的商品吗？多么混乱啊！

恩格斯为了解决这一问题，他首先批判了英国人（以麦克库洛赫和李嘉图为代表）的抽象价值观。英国人为了论证抽象价值的生产费用本质，设想了一种无竞争的商业环境，认为此时"没有人会把物品卖得低于它的生产费用"，从而"生产费用是价值的尺度"。这种看法存在多重逻辑错误，因此不值一提。把抽象价值与交换价值（exchangeable value）、商业价值混为一谈，因为"没有人会把物品卖得低于它的生产费用"意味着这是一种商业行为。同时，剔除掉竞争的抽象商业也不可能存在，因为没有竞争"就保证不了生产者正是按照他的生产费用来卖自己的商品"。

还不仅如此！我们暂且认为，一切都像经济学家所说的那样。假定某人花了很大的力气和巨大的费用制造了一种谁也不要的毫无用处的东西，难道这个东西的价值也同生产费用一样吗？经济学家回答说，绝对没有，谁愿意买这种东西呢？于是，我们立刻不仅碰到了萨伊的声名狼藉的效用，而且还有了随着"买"而来的竞争关系。经济学家们是一刻也不能坚持他的抽象的——这是做不到的。不仅他所竭力避开的竞争，而且连他所攻击的效用，随时都可能突然出现在他的面前。抽象价值以及抽象价值由生产费用决定的说法，恰恰都只是抽象的非实在的东西。

还不仅仅如此！假定经济学家所说的都是正确的。按照这种逻辑，我们提出一个问题："假定某人花了很大的力气和巨大的费用制造了一种谁也不要的毫无用处的东西，难道这个东西的价值也同生产费用一样吗？""经济学家回答说，绝对没有，谁愿意买这种东西呢?"这样的答复回避不了"萨伊的声名狼藉的效用"和"随着'买'而来的竞争关系。"因此,抽象价值本身和"抽象价值由生产费用决定的说法"都只能是"抽象的非实在的东西。"

我们再一次暂且假定经济学家是对的,那么在不把竞争考虑在内的情况下,他又怎样确定生产费用呢?我们研究一下生产费用,就可以看出,这个范畴也是建立在竞争的基础上的。在这里又一次表明经济学家是无法贯彻他的主张的。

再退一步,我们继续假定经济学家是对的。但离开竞争是无法确定生产费用的。因为竞争是生产费用范畴的基础,没有竞争也就无需考虑生产费用。这"又一次表明经济学家是无法贯彻他的主张的。"

如果我们转向萨伊的学说,那我们也会发现同样的抽象。物品的效用是一种纯主观的根本不能绝对确定的东西,至少它在人们还在对立中徘徊的时候肯定是不能确定的。根据这种理论,生活必需品应当比奢侈品具有更大的价值。在私有制统治下,竞争关系是唯一能比较客观地、**似乎**能大体确定物品效用大小的办法,然而恰恰是竞争关系被搁在一边。但是,只要容许有竞争关系,生产费用也就随之产生,因为没有人会卖得低于他自己在生产上投入的费用。因此,在这里也是对立的一方不情愿地转到另一方。

与上面的情况相类似,萨伊的学说同样是抽象的。物品的效用是一种纯主观的东西,因而根本不能绝对确定,至少按照用对立描述各种范畴的方式肯定是不能确定的。根据萨伊的理论会得出一个奇怪的结论,生活必需品的价值大于奢侈品的价值。不过,在私有制占据统治地位的社会条件下,"竞争"才是唯一能够比较客观的但也只能大体确定物品效用大小的方法。然而,恰恰是"竞争关系"被从中拿掉了。但是,竞争是不可能不存在的,"生产费用"也就不可能不随之产生,没有人会以低于其在生产上投入费用的价格卖出。因此,与英国人的理论一样,萨伊的理论也转向了它的对立面,也是难以成立的。

让我们设法来澄清这种混乱吧!物品的价值包含两个因素,争论的双方都要强行把这两个因素分开,但正如我们所看到的,这是徒劳的。价值是生产费用对效用的关系。价值首先是用来决定某种物品是否应该生产,即这种物品的效用是否能抵偿生产费用。然后才谈得上运用价值来进行交换。如果两种物品的生产费用相等,那么效用就是确定它们的比较价值的决定性因素。

恩格斯认为应该能够澄清这种混乱。他认为物品的价值包含两个因素,争论双方的错误在于"都要强行把这两个因素分开",这种做法只能是徒劳无功的。价值由生产费用和效用两个因素构成,"是生产费用对效用的关系"。首先,生产的前提是"物品的效用"能够"抵偿生产费用"。其后,交换才能够以价值为依据进行。最后,在"生产费用相等"的情况下,效用就成为确定两种物品"比较价值的决定性因素"。这里的效用就是使用价值,而生产费用对应的是劳动价值,价值是使用价值和劳动价值的统一。

这个基础是交换的唯一正确的基础。可是,如果以这个基础为出发点,那么又该谁来决定物品的效用呢?单凭当事人的意见吗?这样总会有一人受骗。或者,是否有一种不取决于当事人双方、不为当事人所知悉、只以物品固有的效用为依据的规定呢?这样,交换就只能**强制**进行,并且每一个人都认为自己受骗了。不消灭私有制,就不可能消灭物品固有的实际效用和这种效用的规定之间的对立,以及效用的规定和交换者的自由之间的对立;而私有制一旦被消灭,就无须再谈现在这样的交换了。到那个时候,价值概念的实际运用就会越来越限于决定生产,而这也是它真正的活动范围。

价值作为生产费用和效用两个因素的统一"是交换的唯一正确的基础"。然而,这又面临着"该谁来决定物品的效用"的难题。如果"单凭当事人的意见",就必然有一方受骗。不如此,则又必然"以物品固有的效用为依据",这样的规定"不取决于当事人双方、不为当事人所知悉",势必为一种强制交换,当事人都会认为自己被骗了。造成这种问题的根源在于私有制,如果不消灭私有制,各种解释都难以自洽。就不可能消灭物品本身的实际效用和人们对这种效用的规定之间的对立,而这又势必造成"效用的规定和交换者的自由之间的对立"。只有消灭私有制,"就无须再谈现在这样的交换了"。那样,人们使用价值概念的场合就会越来越限于解决生产的问题,生产领域才是它"真正的活动范围"。

然而,目前的情况怎样呢?我们看到,价值概念被强行分割了,它的每一个方面都叫嚷着自己是整体。一开始就为竞争所歪曲的生产费用,应该被看做是价值本身。纯主观的效用同样应该被看作是价值本身,因为现在不可能有第二种效用。要把这两个跛脚的定义扶正，必须在两种情况下都把竞争考虑在内；而这里最有意思的是：在英国人那里，竞争代表效用而与生产费用相对立，在萨伊那里则相反，竞争带来生产费用而与效用相对立。但是，竞争究竟带来什么样的效用和什么样的生产费用！它带来的效用取决于偶然情况、时尚和富人的癖好，它带来的生产费用则随着需求和供给的偶然比例而上下波动。

由于当前私有制决定的竞争存在的情况，价值概念被强行分割为两个部分，每个部分都声称自己是整体。生产费用和"纯主观的效用"因而均有理由"被看做是价值本身"。只有以竞争为前提，"在两种情况下都把竞争考虑在内"，才能够把以上两个定义界定清楚。现实中的有趣现象是："在英国人那里，竞争代表效用而与生产费用相对立，在萨伊那里则相反，竞争带来生产费用而与效用相对立。"其中的"效用"和"生产费用"又是充满不确定性的，"效用取决于偶然情况、时尚和富人的癖好"，而"生产费用则随着需求和供给的偶然比例而上下波动"。

实际价值和交换价值之间的差别基于下述事实：物品的价值不同于人们在买卖中为该物品提供的那个所谓等价物，就是说，这个等价物并不是等价物。这个所谓等价物就是物品的**价格**，如果经济学家是诚实的，他就会把等价物一词当做"商业价值"来使用。但是为了使商业的不道德不过于明显地暴露出来，他总得保留一点假象，似乎价格和价值以某种方式相联系。说**价格**由生产费用和竞争的相互作用决定，这是完全正确的，而且是私有制的一个主要的规律。经济学家的第一个发现就是这个纯经验的规律；接着他从这个规律中抽去他的实际价值，就是说，抽去竞争关系均衡时、供求一致时的价格，这时，剩下的自然只有生产费用了，经济学家就把它称为实际价值，其实只是价格的一种规定性。但是，这样一来，经济学中的一切就被本末倒置了：价值本来是原初的东西，是价格的源泉，倒要取决于价格，即它自己的产物。大家知道，正是这种颠倒构成了抽象的本质。关于这点，请参看费尔巴哈的著作。①

实际价值和交换价值是不同的，其事实根据在于：物品的价值不等于人们在买卖中提供的等价物。事实上"这个等价物并不是等价物"，而是物品的价格，是一种"商业价值"，是在交换中才能产生的，经济学家故意混淆了这一点。为了掩盖商业的不道德，"价格和价值以某种方式相联系"的假象被保留。实际上，"价格由生产费用和竞争的相互作用决定，这是完全正确的，而且是私有制的一个主要的规律。"但是，经济学家却歪曲了这一重要发现，他们从中抽去了"实际价值"，也就是"抽去竞争关系均衡时、供求一致时的价格"。如此，"生产费用"被等同于"实际价值"，这"只是价格的一种规定性"。"但是，这样一来，经济学中的一切就被本末倒置了"。价值被价格所决定，"价值本来是原初的东西，是价格的源泉，倒要取决于价格，即它自己的产物"。关于这种本末倒置的现象，可以参看费尔巴哈的著作。

在经济学家看来，商品的生产费用由以下三个要素组成的：生产原材料所必需的土地的地租，资本及其利润，生产和加工所

---

① 路·费尔巴哈：《关于哲学改革的临时纲要》，见《德国现代哲学和政论界轶文集》1843年苏黎世—温特图尔版，第64—71页。——编者注

需要的劳动的报酬。但是人们立即就发现，资本和劳动是同一个东西，因为经济学家自己就承认资本是"积蓄的劳动"①。这样，我们这里剩下的就只有两个方面，自然的、客观的方面即土地和人的、主观的方面即劳动。劳动包括资本，并且除资本之外还包括经济学家没有想到的第三要素，我指的是简单劳动这一肉体要素以外的发明和思想这一精神要素。经济学家与发明的精神有什么关系呢？难道没有他参与的一切发明就不会落到他手里吗？有哪**一件**发明曾经使他花费过什么？因此，他在计算他的生产费用时为什么要为这些发明操心呢？在他看来，财富的条件就是土地、资本、劳动，除此而外，他什么也不需要。科学是与他无关的。尽管科学通过贝托莱、戴维、李比希、瓦特、卡特赖特等人送了许多礼物给他，把他本人和他的生产都提到空前未有的高度，可是这与他有何相干呢？他不懂得重视这些东西，科学的进步超出了他的计算。但是，在一个超越利益的分裂——正如在经济学家那里发生的那样——的合理状态下，精神要素自然会列入生产要素中，并且会在经济学的生产费用项目中找到自己的位置。到那时，我们自然会满意地看到，扶植科学的工作也在物质上得到报偿，会看到，仅仅詹姆斯·瓦特的蒸汽机这样一项科学成果，在它存在的头50年中给世界带来的东西就比世界从一开始为扶植科学所付出的代价还要**多**。

沿着经济学家的思路往下看，商品的生产费用由地租、利润和劳动报酬三个要素组成，这三个要素对应着生产原材料所必需

---

① 亚·斯密：《国民财富的性质和原因的研究》，1828年爱丁堡版第2卷，第94页。——编者注

的土地、资本、生产和加工所需要的劳动。因为经济学家自己就承认资本是"积蓄的劳动",所以资本和劳动在本质上是一个东西。于是,以上三个因素就简化为土地和劳动两个因素,土地是"自然的、客观的方面",劳动是"人的、主观的方面"。劳动不但包括资本,还要包括"发明和思想这一精神要素",这是经济学家没有想到的第三要素,其根本不同于"简单劳动这一肉体要素"。他们明显脱离了现实,而没有考虑"发明的精神",没有将之计入"生产费用"。不过,他们也不需要别的什么东西,而把财富的条件仅仅归结为土地、资本和劳动。要知道科学是"他本人和他的生产"的硬约束条件,首先是科学条件的改变,然后才是经济学家们的生产费用计算。"他不懂得重视这些东西",忽视贝托莱、戴维、李比希、瓦特、卡特赖特等人的贡献,是因为"科学的进步超出了他的计算"能力。但"他本人和他的生产"之所以能提到空前未有的高度,正是拜科学进步所赐。所以,必须超越经济学家所设定的利益分裂,才会出现一个合理状态,那样,"精神要素自然会列入生产要素中,并且会在经济学的生产费用项目中找到自己的位置。"到那时,"扶植科学的工作"会被计入生产费用,也能在物质上得到报偿,这才是令人满意的。我们也就可以算出,"仅仅詹姆斯·瓦特的蒸汽机这样一项科学成果,在它存在的头50年中给世界带来的东西就比世界从一开始为扶植科学所付出的代价还要多。"

这样,我们就有了两个生产要素——自然和人,而后者还包括他的肉体活动和精神活动。现在我们可以回过来谈谈经济学家和他的生产费用。

从上面的论述可知，最终是自然和人两个根本生产要素在起作用，人的生产要素"包括他的肉体活动和精神活动"。现在我们就可以科学地剖析"经济学家和他的生产费用"了。

经济学家说，凡是无法垄断的东西就没有价值。这个论点容后再详细研究。如果我们说：凡是无法垄断的东西就没有**价格**，那么，这个论点对于以私有制为基础的状态而言是正确的。如果土地像空气一样容易得到，那就没有人会支付地租了。既然情况不是这样，而是在一种特殊情况下被占有的土地的面积是有限的，那人们就要为一块被占有的即被垄断的土地支付地租或者按照售价把它买下来。令人感到奇怪的是，在这样弄明白了土地价值的产生以后，还得听经济学家说什么地租是付租金的土地的收入和值得费力耕种的最坏的土地的收入之间的差额。大家知道，这是李嘉图第一次充分阐明的地租定义。① 当人们假定需求的减少**马上**影响地租并立刻使相当数量的最坏耕地停止耕种的时候，这个定义实际上是正确的。但情况并不是这样，因此这个定义是有缺陷的；况且这个定义没有包括地租产生的原因，仅仅由于这一点，这个定义就已经站不住脚了。反谷物法同盟[22]盟员托·佩·汤普森上校在反对这个定义时，又把亚当·斯密的定义②搬了出来并加以论证。据他说，地租是谋求使用土地者的竞争和可支配的土地的有限数量之间的关系。在这里，这至少又回到地租产生的问题上来了；但是，这个解释没有包括土壤肥力的差别，

---

① 大·李嘉图：《政治经济学和赋税原理》，1817年伦敦版，第54页。——编者注

② 亚·斯密：《国民财富的性质和原因的研究》，1828年爱丁堡版第1卷，第237—242页。——编者注

正如上述的定义忽略了竞争一样。①

　　经济学家有一个观点:"凡是无法垄断的东西就没有价值。"我们暂不讨论这个观点,但我们据此可以提出另一个观点:"凡是无法垄断的东西就没有价格"。显然,这个观点"对于以私有制为基础的状态而言是正确的"。举例来说,"如果土地像空气一样容易得到,那就没有人会支付地租了。"现实情况与之相反,土地的面积是有限的,人们必然"要为一块被占有的即被垄断的土地支付地租或者按照售价把它买下来"。当我们这样搞清楚土地价值以后,再看经济学家们有关地租的概念就会感到奇怪。李嘉图的地租定义是:"地租是付租金的土地的收入和值得费力耕种的最坏的土地的收入之间的差额"。这个定义一定程度上是正确的,比如"当人们假定需求的减少马上影响地租并立刻使相当数量的最坏耕地停止耕种的时候"。但这个假设与实际情况相差甚远,因此该定义是有缺陷的。何况其并没有谈及地租产生的原因,仅凭这一点,"这个定义就已经站不住脚了"。与此相对立,反谷物法同盟盟员托·佩·汤普森上校反对这个定义,他的依据是亚当·斯密的定义,并对此进行了论证。他认为"地租是谋求使用土地者的竞争和可支配的土地的有限数量之间的关系"。这一定义已经涉及地租产生的原因,但却没有包括土壤肥力的差别,也是不正确的,就像"上述的定义忽略了竞争一样"。

　　这样一来,同一个对象又有了两个片面的因而是不完全的定义。正如研究价值概念时一样,在这里我们也必须把这两个定义

---

① 托·佩·汤普森:《真正的地租理论、驳李嘉图先生等》,见他的《政治习作及其他》,1842年伦敦版第4卷,第404页。——编者注

结合起来，以便得出一个正确的、来自事物本身发展的、因而包括了实践中的一切情况的定义。地租是土地的收获量即自然方面（这方面又包括**自然**的肥力和**人**的耕作即改良土壤所耗费的劳动）和人的方面即竞争之间的相互关系。经济学家对这个"定义"摇头；当他们知道这个定义包括了有关这件问题的一切时，他们会大吃一惊的。

得出正确地租的定义和得出正确价值概念的方法是一样的，就是把"同一个对象又有了两个片面的因而是不完全的定义"结合起来，才能"得出一个正确的、来自事物本身发展的、因而包括了实践中的一切情况的定义"。地租是自然方面和人的方面的统一，即土地的收获量（这方面又包括自然的肥力和人的耕作即改良土壤所耗费的劳动）和竞争之间的相互关系。经济学家一定会反对这一定义，因为这一定义"包括了有关这件问题的一切"，这对他们来说是不可想象的。

土地占有者无论如何不能责备商人。

土地占有者是没有任何理由责备商人的。

他靠垄断土地进行掠夺。他利用人口的增长来进行掠夺，因为人口的增长加强了竞争，从而抬高了他的土地的价值。他把不是通过他个人劳动得来的，完全偶然地落到他手里的东西当做他个人利益的源泉进行掠夺。他靠**出租土地**、靠最终攫取租地农场主的种种改良的成果进行掠夺。大土地占有者的财富日益增长的秘密就在于此。

土地占有者是纯粹的掠夺者，他的吸血管道就是对土地的垄断。据此有两种掠夺方式：第一种是抬高土地价值，第二种是压榨租地农场主的利益。第一种方式源于"人口的增长加强了竞争",土地占有者因而可以把"完全偶然地落到他手里的东西当做他个人利益的源泉进行掠夺"。第二种方式源于"出租土地"和"攫取租地农场主的种种改良的成果"。以上就是大地主财富日益增长的秘密。

认定土地占有者的获得方式是掠夺,即认定人人都有享受自己的劳动产品的权利或不播种者不应有收获,这样的公理①并不是我们的主张。第一个公理排除抚育儿童的义务;第二个公理排除任何世代的生存权利,因为任何世代都得继承前一代世代的遗产。确切地说,这些公理都是由私有制产生的结论。要么实现由私有制产生的一切结论,要么抛弃私有制这个前提。

当认定土地占有者的获得方式是掠夺的时候,就产生了两个公理:人人都有享受自己的劳动产品的权利或不播种者不应有收获。我们并不赞同这一主张,这只是因私有制而产生的公理。第一个公理排除抚育儿童的义务,儿童是不具备劳动能力的;第二个公理排除任何世代的生存权利,因为任何世代都得继承前一代世代的遗产,没有前人的播种不可能有今天的熟地。所以,必须"抛弃私有制这个前提"。

甚至最初的占有本身,也是以断言老早就存在过**共同**占有权为理由的。② 因此,不管我们转向哪里,私有制总会把我们引到矛盾中去。

---

① 亚·斯密:《国民财富的性质和原因的研究》,1828 年爱丁堡版第 1 卷,第 85—86 页。——编者注

② 亚·斯密:《国民财富的性质和原因的研究》,1828 年爱丁堡版第 1 卷,第 85—86 页。——编者注

在论及最初的占有本身时，也是以断言老早就存在过与私有制相对应的共同占有权为理由的。因此，不管我们转向哪里，私有制总会把我们引到对立的矛盾中去。

土地是我们的一切，是我们生存的首要条件；出卖土地，就是走向自我出卖的最后一步；这无论过去或直至今日都是这样一种不道德，只有自我出让的不道德才能超过它。最初的占有土地，少数人垄断土地，所有其他的人都被剥夺了基本的生存条件，就不道德来说，丝毫也不逊于后来的土地出卖。

出卖土地是不道德的，因为"土地是我们的一切，是我们生存的首要条件"。"只有自我出让的不道德才能超过""出卖土地"的不道德，而"出卖土地""是走向自我出卖的最后一步"。从人类最初的土地占有，到少数人垄断土地，进而导致"所有其他的人都被剥夺了基本的生存条件"，其不道德程度一点不逊于后来的土地出卖。

如果我们在这里再把私有制撇开，那么地租就恢复它的本来面目，就归结为实质上可以作为地租基础的合理观点。这时，作为地租而与土地分离的土地价值，就回到土地本身。这个价值是依据面积相等的土地在花费的劳动量相等的条件下所具有的生产能力来计算的；这个价值在确定产品的价值时自然是作为生产费用的一部分计算在内的，它像地租一样是生产能力对竞争的关系，不过是对**真正的**竞争，即对某个时候就会展开的竞争的关系。

如果我们把私有制剔除掉，就能够恢复地租的本来面目，可以得到有关地租基础的合理观点。这种情况下，现在作为地租而与土地分离的土地价值,就可以计算回土地本身。这个价值就是相等面积等量劳动下土地的生产能力大小的体现,本质与地租一样是"生产能力对竞争的关系"。但这里是"真正的竞争,即对某个时候就会展开的竞争的关系"。

我们已经看到,资本和劳动最初是同一个东西;其次,我们从经济学家自己的阐述中也可以看到,资本是劳动的结果,它在生产过程中立刻又变成了劳动的基质、劳动的材料;可见,资本和劳动的短暂分开,立刻又在两者的统一中消失了;但是,经济学家还是把资本和劳动分开,还是坚持这两者的分裂,他只在资本是"积蓄的劳动"这个定义①中承认它们两者的统一。由私有制造成的资本和劳动的分裂,不外是与这种分裂状态相应的并从这种状态产生的劳动本身的分裂。这种分开完成之后,资本又分为原有资本和利润,即资本在生产过程中所获得的增长额,虽然实践本身立刻又将这种利润加到资本上,并把它和资本投入周转中。甚至利润又分裂为利息和本来意义上的利润。在利息中,这种分裂的不合理性达到顶点。贷款生息,即不花劳动单凭贷款获得收入,是不道德的,虽然这种不道德已经包含在私有制中,但毕竟还是太明显,并且早已被不持偏见的人民意识看穿了,而人民的意识在认识这类问题上通常总是正确的。所有这些微妙的分裂和划分,都产生于资本和劳动的最初的分开和这一分开的完成,即人类分裂为资本家和工人。这一分裂正日益加剧,而且我们将看到,它**必定**会不断地加剧。但是,这种分开与我们考察过

---

① 亚·斯密《国民财富的性质和原因的研究》1828年爱丁堡版第2卷第94页。——编者注

的土地同资本和劳动分开一样,归根结底是不可能的。我们根本无法确定在某种产品中土地、资本和劳动各占多少分量。这三种量是不可通约的。土地出产原材料,但这里并非没有资本和劳动;资本以土地和劳动为前提,而劳动**至少**以土地,在大多数场合还以资本为前提。这三者的作用截然不同,无法用任何第四种共同的尺度来衡量。因此,如果在当前的条件下,将收入在这三种要素之间进行分配,那就没有它们所固有的尺度,而只有由一个完全异己的、对它们来说是偶然的尺度即竞争或者强者狡诈的权利来解决。地租包含着竞争;资本的利润只有由竞争来决定,至于工资的情况怎样,我们立刻就会看到。

关于资本和劳动的关系,我们的理解和经济学家不同。前面已经论证过资本和劳动是同一个东西,但经济学家只是某一点上承认二者的一致性。资本和劳动最初就是同一个东西,经济学家也认为:"资本是劳动的结果,它在生产过程中立刻又变成了劳动的基质、劳动的材料",可见二者是统一的。但经济学家仍然坚持资本和劳动是分裂的,仅仅在资本是"积蓄的劳动"这个定义中承认它们两者的统一。这二者分开的根源仍然是私有制,资本和劳动的分裂实际上就是"与这种分裂状态相应的并从这种状态产生的劳动本身的分裂"。其后,又有了一系列进一步分裂,资本分裂为原有资本和利润(资本在生产过程中所获得的增长额),利润又分裂为利息和利润,利息再分裂出贷款生息(不花劳动单凭贷款获得收入)。可以看到,资本虽然分为原有资本和利润,但实践本身立刻又将这种利润加到资本上,并把它和资本投入周转中。而由利润分裂出的利润是利润本身。利息的分裂更使这种不合理性达到顶点,"是不道德的,虽然这种不道德已经包含在私有制中,但毕竟还是太明显,并且早已被不持偏见的人民意识看穿了,而人民的意识在认识这类问题上通常总是正确的。"所有这些微妙的分裂和划分都源于"资本和劳动的最初的分开",这一分开的完成意味着"人类分裂为资本家和工人"。这一分裂不但不会停止,还在日益加剧,且必定会不断地加剧。但这种分开归根结底是不可能的,类似于"我们考察过的土地同资本和劳动分开"的情形一样。因为我们根本无法确定"在某种产品中土地、资本和劳动各占多少分量",无法找到"任何第四种共同的尺度来衡量",将收入在这三种要素之间进行合理分配是不可能的。从三者的关系来看,其相互之间难以实现通约,"土地出产原材料,但这里并非没有资本和劳动;资本以土地和劳动为前提,而劳动至少以土地,在大多数场合还以资本为前提。"如果在当前的条件下,"只有由一个完全异己的、对它们来说是偶然的尺度即竞争或者强者狡诈的权利来解决"。地租和资本的利润都是由竞争来决定,"至于工资的情况怎样,我们立刻就会看到"。

如果我们撇开私有制,那么所有这些反常的分裂就不会存在。利息和利润的差别也会消失;资本如果没有劳动、没有运动就是虚无。利润把自己的意义归结为资本在决定生产费用时置于天平上的砝码,它仍是资本所固有的部分,正如资本本身将回到它和劳动的最初的统一体一样。

同前面的原因一样,私有制是所有这些反常的分裂的根源。私有制不存在,利息和利润的差别会消失,资本也将回归作为运动的劳动本身,否则就是虚无。利润也将回归资本,进而回归劳动,因为利润将失去其作为"资本在决定生产费用时置于天平上的砝码"的位置。

劳动是生产的主要因素,是"财富的源泉"①,是人的自由活动,但很少受到经济学家的重视。正如资本已经同劳动分开一样,现在劳动又再度分裂了;劳动的产物以工资的形式与劳动相对立,它和劳动分开,并且通常又由竞争决定,因为,正如我们所看到的,没有一个固定的尺度来确定劳动在生产中所占的比重。只要我们消灭了私有制,这种反常的分离就会消失;劳动就会成为它自己的报酬,而以前被让渡的工资的真正意义,即劳动对于确定物品的生产费用的意义,也就会清清楚楚地显示出来。

从本来的意义上看,劳动是生产中的主要因素,是"财富的源泉",是人的自由活动。然而,劳动却"很少受到经济学家的重视"。在资本同劳动分裂的基础上,劳动又再度分裂,"劳动的产物以工资的形式与劳动"分裂,形成对立的关系。这也是由竞争决定的,原因也在于"没有一个固定的尺度来确定劳动在生产中所占的比重"。只有在消灭私有制的前提下,这种反常的分裂才会消失。这样,劳动就会还原为它自己的报酬,"以前被让渡的工资的真正意义"也能够"清清楚楚地显示出来",即"物品的生产费用"也是由劳动确定的。

---

① 亚·斯密:《国民财富的性质和原因的研究》,1828年爱丁堡版第1卷,第9—10页。——编者注

三、资本财产私有制度批判句读

我们知道,只要私有制存在一天,一切终究都会归结为竞争。竞争是经济学家的主要范畴,是他最宠爱的女儿,他始终娇惯和爱抚着她,但是请看,在这里出现的是一张什么样的美杜莎的怪脸。

恩格斯指出:"只要私有制存在一天,一切终究都会归结为竞争。"在私有制这个不动的前提下,竞争成为经济学家的主要范畴,被视为"他最宠爱的女儿,他始终娇惯和爱抚着她"。然而在恩格斯眼里,这却是一张不堪入目的"美杜莎的怪脸"。

私有制的最直接的结果是生产分裂为两个对立的方面:自然的方面和人的方面,即土地和人的活动。土地无人施肥就会荒芜,成为不毛之地,而人的活动的首要条件恰恰是土地。其次,我们看到,人的活动又怎样分解为劳动和资本,这两方面怎样彼此敌视。这样,我们已经看到的是这三种要素的彼此斗争,而不是它们的相互支持;现在,我们还看到私有制使这三种要素中的每一种都分裂。一块土地与另一块土地对立,一个资本与另一个资本对立,一个劳动力与另一个劳动力对立。换句话说,因为私有制把每一个人隔离在他自己的粗鄙的孤立状态中,又因为每个人和他周围的人有同样的利益,所以土地占有者敌视土地占有者,资本家敌视资本家,工人敌视工人。在相同利益的敌对状态中,正是由于利益的相同,人类目前状态的不道德已经达到极点,而这个极点就是竞争。

私有制导致了生产分裂为自然和人两个对立的方面，前者对应土地，后者对应人的活动。这二者的关系非常紧密，土地和劳动互相需要，没有人的活动土地就只能处于自然状态，没有土地人的活动就没有依存条件。其次，人的活动又分裂为对立的劳动和资本，由此形成土地、劳动和资本三种要素的"彼此斗争，而不是它们的相互支持"。私有制进一步导致这三种要素继续各自分裂。"一块土地与另一块土地对立，一个资本与另一个资本对立，一个劳动力与另一个劳动力对立。"私有制分割了一切，使每个人"隔离在他自己的粗鄙的孤立状态中"，并由于利益的同质性，致使"土地占有者敌视土地占有者，资本家敌视资本家，工人敌视工人"。根自利益的敌对和排斥，"人类目前状态的不道德已经达到极点，而这个极点就是竞争"。

竞争的对立面是**垄断**。垄断是重商主义者战斗时的呐喊，竞争是自由主义经济学家厮打时的吼叫。不难看出，这个对立面也是完全空洞的东西。每一个竞争者，不管他是工人，是资本家，或是土地占有者，都**必定**希望取得垄断地位。每一个较小的竞争者群体都必定希望为自己取得垄断地位来对付所有其他的人。竞争建立在利益基础上，而利益又引起垄断；简言之，竞争转为垄断。另一方面，垄断挡不住竞争的洪流；而且，它本身还会引起竞争，正如禁止输入或高额关税直接引起走私一样。竞争的矛盾和私有制本身的矛盾是完全一样的。单个人的利益是要占有一切，而群体的利益则是要使每个人所占有的都相等。因此，普遍利益和个人利益是直接对立的。竞争的矛盾在于：每个人都必定希望取得垄断地位，可是群体本身却因垄断而一定遭受损失，因此一定要排除垄断。此外，竞争已经以垄断即所有权的垄断为前提——这里又暴露出自由主义者的虚伪——，只要所有权的垄断存在着，垄断的所有权也同样是正当的，因为垄断一经存在，它就是所有权。可见，攻击小的垄断，保留根本的垄断，这是多么可鄙的不彻底呵！前面我们已经提到过经济学家的论点，凡是无法垄断的东西就没有价值，因此，凡是不容许垄断的东西就不可能卷入这个竞争的斗争；如果我们再把经济学家的这个论点引到这里来，那么我们关于竞争以垄断为前提的论断，就被证明是完全正确的了。

竞争似乎与垄断是对立的。重商主义者和自由主义经济学家是对立的，前者推崇的垄断反对后者的竞争。但这种对立是毫无意义的。因为，"每一个竞争者，不管他是工人，是资本家，或是土地占有者，都必定希望取得垄断地位。每一个较小的竞争者群体都必定希望为自己取得垄断地位来对付所有其他的人"。实际上，竞争与垄断是一回事，竞争源自于利益对立，利益必然引起垄断，从而，"竞争转为垄断"。垄断也同样转为竞争，既"挡不住竞争的洪流"，"还会引起竞争，正如禁止输入或高额关税直接引起走私一样"。竞争和私有制内在的矛盾是完全一样的。就私有制的矛盾来说，"单个人的利益是要占有一切，而群体的利益则是要使每个人所占有的都相等。因此，普遍利益和个人利益是直接对立的。"就竞争的矛盾来说，"每个人都必定希望取得垄断地位，可是群体本身却因垄断而一定遭受损失，因此一定要排除垄断"。何况，竞争的前提是所有权的垄断，垄断与所有权是同义语。攻击小的垄断，保留所有权的根本垄断，实在是"可鄙的不彻底"。"前面我们已经提到过经济学家的论点，凡是无法垄断的东西就没有价值"，因此，凡是不能确立垄断权的"东西就不可能卷入这个竞争的斗争"。所以，"竞争以垄断为前提的论断"是完全正确的。

竞争的规律是：需求和供给始终力图互相适应，而正因为如此，从未有过互相适应。双方又重新脱节并转化为尖锐的对立。供给总是紧跟着需求，然而从来没有达到过刚好满足需求的情况；供给不是太多，就是太少，它和需求永远不相适应，因为在人类的不自觉状态下，谁也不知道需求和供给究竟有多大。如果需求大于供给，价格就会上涨，因而供给似乎就会兴奋起来；只要市场上供给增加，价格又会下跌，而如果供给大于需求，价格就会急剧下跌，因而需求又被激起。情况总是这样；从未有过健全的状态，而总是兴奋和松弛相更迭——这种更迭排斥一切进步——一种达不到目的的永恒波动。这个规律永远起着平衡的作用，使在这里失去的又在那里获得，因而经济学家非常欣赏它。这个规律是他最大的荣誉，他简直百看不厌，甚至在一切可能的和不可能的条件下都对它进行观察。然而，很明显，这个规律是纯自然的规律，而不是精神的规律。这是一个产生革命的规律。经济学家用他那绝妙的供求理论向你们证明"生产永远不会过多"①，而实践却用商业危机来回答，这种危机就像彗星一样定期再现，在我们这里现在是平均每五年到七年发生一次。80年来，这些商业危机像过去的大瘟疫一样定期来临，而且它们所造成的

---

① 亚·斯密：《国民财富的性质和原因的研究》，1828年爱丁堡版第1卷，第97页。——编者注

不幸和不道德比大瘟疫所造成的更大（参看威德《中等阶级和工人阶级的历史》1835年伦敦版第211页）。当然，这些商业革命证实了这个规律，完完全全地证实了这个规律，但不是用经济学家想让我们相信的那种方式证实的。我们应该怎样理解这个只有通过周期性的革命才能为自己开辟道路的规律呢？这是一个以当事人的无意识活动为基础的自然规律。如果生产者自己知道消费者需要多少，如果他们把生产组织起来，并且在他们中间进行分配，那就不会有竞争的波动和竞争引起的危机的倾向了。你们有意识地作为人，而不是作为没有类意识的分散原子进行生产吧，你们就会摆脱所有这些人为的无根据的对立。但是，只要你们继续以目前这种无意识的、不暇思索的、全凭偶然性摆布的方式来进行生产，那么商业危机就会继续存在；而且每一次接踵而来的商业危机必定比前一次更普遍，因而也更严重；必定会使更多的小资本家变穷，使专靠劳动为生的阶级人数以增大的比例增加，从而使待雇劳动者的人数显著地增加——这是我们的经济学家必须解决的一个主要问题——，最后，必定引起一场社会革命，而这一革命，经济学家凭他的书本知识是做梦也想不到的。

　　竞争的规律是需求和供给之间的对立统一。需求和供给力图互相适应，但从来没有过互相适应，总是在一定的时候"重新脱节并转化为尖锐的对立"。供给因需求而产生，但从来不可能和需求相一致，供给不是大于需求，就是小于需求，难以适应需求。其原因在于，人类处于"不自觉状态下"，没人能够得出需求和供给的确切数据。需求大于供给，价格上涨，供给将会增加；供给增加，价格下降。供给大于需求，价格将急剧下跌，又会刺激需求的增加。从实际的情况来看，从没有达到过一致的状态，处于永恒波动之中，兴奋与松弛不断相更迭，排斥一切进步。供求规律发挥着调节和平衡作用，此消彼长互为补充，经济学家非常喜欢，将之奉做圭臬，无论在何种可能的和不可能的条件下都将之作为准绳。但是很明显，这是纯自然的规律，而不是精神的规律，因而是充满革命性的规律。经济学家用供求理论证明"生产永远不会过多"，因为这种此消彼长的规律似乎排斥一切进步，只是单纯的永无止境的摇摆。但是实践中却充满了商业危机，而且是像彗星一样定期出现的商业危机，"在我们这里现在是平均每五年到七年发生一次。"80年来，这些商业危机像过去的大瘟疫一样定期来临，而且它们所造成的不幸和不道德比大瘟疫所造成的更大（参看威德《中等阶级和工人阶级的历史》1835年伦敦版第211页）。当然，以商业危机形式表现的商业革命证实了供求规律，而且是不折不扣的证实，但却是以商业革命的形式证实的，而不是经济学家采用的那种理论上的方式向我们证实的。因此，无法用经济学家的方式理解"这个只有通过周期性的革命才能为自己开辟道路的规律"。恩格斯认为，供求规律"这是一个以当事人的无意识活动为基础的自然规律"，而不是以生产者有意识活动为基础的规律。"如果生产者自己知道消费者需要多少，如果他们把生产组织起来，并且在他们中间进行分配，那就不会有竞争的波动和竞争引起的危机的倾向了"。如果生产者是作为有意识的人，而不是无意识的分散原子进行生产，那"就会摆脱所有这些人为的无根据的对立"。相反，继续这种无意识的、不思考的、偶然性的生产，商业危机必然不断来临，而且会更加普遍和严重。造成更多的小资本家变穷、劳动阶级人数比例增加、失业率上升,这一问题是经济学家必须解决的主要问题。最后,必然由经济问题引致社会革命,这是以书本知识为生的经济学家"做梦也想不到的"。

由竞争关系所造成的价格永恒波动,使商业完全丧失了道德的最后一点痕迹。至于**价值**就无须再谈了。这种似乎非常重视价值的并以货币的形式把价值的抽象推崇为一种特殊存在物的制度,本身就通过竞争破坏着一切物品所固有的任何价值,而且每日每时改变着一切物品相互的价值关系。在这个漩涡中,哪里还可能有建立在道德基础上的交换呢?在这种持续地不断涨落的情况下,每个人都**必定**力图碰上最有利的时机进行买卖,每个人都必定会成为投机家,就是说,都企图不劳而获,损人利己,算计别人的倒霉,或利用偶然事件发财。投机者总是指望不幸事件,特别是指望歉收,他们利用一切事件,例如当年的纽约大火灾①;而不道德的顶点还是交易所中有价证券的投机,这种投机把历史和历史上的人类贬低为那种用来满足善于算计或伺机冒险的投机者的贪欲的手段。但愿诚实的、"正派的"商人不以"我感谢你上帝"等表面的虔诚形式摆脱交易所投机。这种商人和证券投机者一样可恶,他也同他们一样地投机倒把,他必须投机倒把,竞争迫使他这样做,所以他的买卖也与证券投机者的勾当一样不道德。竞争关系的真谛就是消费力对生产力的关系。在一个与人类相称的状态下,不会有除这种竞争之外的别的竞争。社会应当考

---

① 指1835年12月16日在纽约发生的火灾。——编者注

虑，靠它所支配的资料能够生产些什么，并根据生产力和广大消费者之间的这种关系来确定，应该把生产提高多少或缩减多少，应该允许生产或限制生产多少奢侈品。但是，为了正确地判断这种关系，判断从合理的社会状态下能期待的生产力提高的程度，请读者参看英国社会主义者的著作①，并部分地参看傅立叶的著作②。

竞争关系造成的价格永恒波动，消灭了道德存在的最后一点痕迹，也就不可能有建立在道德基础上的交换，更谈不上价值的存在。这种制度，表面上"似乎非常重视价值"，"并以货币的形式把价值的抽象推崇为一种特殊存在物"，实际上"通过竞争破坏着一切物品所固有的任何价值"，而且无时无刻不在改变着一切物品相互之间的价值关系。在这种价格不断涨落波动的情况下，每个人都不可避免地成为投机者，都会寻找对自己最有力的时机进行买卖，这就会导致"不劳而获，损人利己，算计别人的倒霉，或利用偶然事件发财"的现象成为常态。不仅如此，投机者还总是指望不幸事件的发生，恶劣的如"指望歉收"和利用像"当年的纽约大火灾"等一切事件。但不道德的顶点并不是这些，而是"交易所中有价证券的投机"，在这种活动中，"善于算计或伺机冒险的投机者"为了满足自己的贪欲而把"把历史和历史上

---

① 约·弗·布雷《劳动的不公正现象及其解决办法，或强权时代和公正时代》1839年利兹版；汤普森《最能促进人类幸福的财富分配原理的研究》1824年伦敦版；约·瓦茨《政治经济学的事实和臆想：科学原则述评，去伪存真》1842年曼彻斯特—伦敦版。——编者注

② 沙·傅里叶《关于四种运动和普遍命运的理论》1841年巴黎第2版和《经济的和协作的新世界，或按情欲分类的引人人胜的和合乎自然的劳动方式的发现》1829年巴黎版。——编者注

的人类"工具化了。诚实的、"正派的"商人和证券投机者一样可恶，他们只不过是披着"我感谢你上帝"等表面的虔诚形式的外衣。在竞争的压力下，他们也同样必须投机倒把，"所以他的买卖也与证券投机者的勾当一样不道德"。竞争关系的实质是消费能力和生产能力的关系。在一个与人类的要求相一致的状态下，消费能力和生产能力的竞争是唯一的竞争关系。社会作为一个调节者应当考虑：首先是"靠它所支配的资料能够生产些什么"；其次是应当"根据生产力和广大消费者之间的这种关系来确定"生产的种类和数量，即"应该把生产提高多少或缩减多少，应该允许生产或限制生产多少奢侈品"；最后是确定具体的种类和数量，"为了正确地判断这种关系，判断从合理的社会状态下能期待的生产力提高的程度，请读者参看英国社会主义者的著作，并部分地参看傅立叶的著作"。

在这种情况下，主体的竞争，即资本对资本、劳动对劳动的竞争等等，被归结为以人的本性为基础并且到目前为止只有傅立叶作过差强人意的说明的竞赛①，这种竞赛将随着对立利益的消除而被限制在它特有的和合理的范围内。

在这种情况下，个人之间的竞争，即表现为资本财产对资本财产、劳动财产对劳动财产的竞争等，被归结为不同人性的竞争，到目前为止只有傅立叶对此种竞赛"作过差强人意的说明"。竞赛被限制在"特有的和合理的范围内"，因为对立的利益是会消除的。

---

① 沙·傅立叶：《关于四种运动和普遍命运的理论》，1841年巴黎第2版，第175、244—245、265和434—436页。——编者注

资本对资本、劳动对劳动、土地对土地之间的斗争，使生产陷于高烧状态，使一切自然的合理的关系都颠倒过来。要是资本不最大限度地展开自己的活动，它就经不住其他资本的竞争。要是土地的生产力不经常提高，耕种土地就会无利可获。要是工人不把自己的全部力量用于劳动，他就对付不了自己的竞争者。总之，卷入竞争斗争的人，如果不全力以赴，不放弃一切真正人的目的，就经不住这种斗争。一方的这种过度紧张，其结果必然是另一方的松弛。在竞争的波动不大，需求和供给、消费和生产几乎彼此相等的时候，在生产发展过程中必定会出现这样一个阶段，在这个阶段，生产力大大过剩，结果，广大人民群众无以为生，人们纯粹由于过剩而饿死。长期以来，英国就处于这种荒诞的状况中，处于这种极不合理的情况下。如果生产波动得比较厉害——这是这种状态的必然结果——，那么就会出现繁荣和危机、生产过剩和停滞的反复交替。经济学家从来就解释不了这种怪诞状况；为了解释这种状况，他发明了人口论[21]，这种理论和当时这种贫富矛盾同样荒谬，甚至比它更荒谬。经济学家不**敢**正视真理，不敢承认这种矛盾无非是竞争的结果，因为否则他的整个体系就会垮台。

资本财产对资本财产、劳动财产对劳动财产、土地财产对土地财产之间的斗争，使生产活动陷于高烧状态，颠倒了"一切自然的合理的关系"。资本财产之间的竞争迫使资本财产不得不"最大限度地展开自己的活动"，否则就无法存在。同样的道理，土地必须经常提高生产能力，否则就无利可图。工人为对付竞争者就要"把自己的全部力量用于劳动"。总而言之，卷入竞争斗争的各种人,必须全力以赴,必须将自身工具化,必须放弃"一切真正人的目的",这样才能在斗争中存活下去。这是一种零和博弈,"一方的这种过度紧张,其结果必然是另一方的松弛"。

在我们看来,这个问题很容易解释。人类支配的生产力是无法估量的。资本、劳动和科学的应用,可以使土地的生产能力无限地提高。按照最有才智的经济学家和统计学家的计算(参看**艾利生**的《人口原理》第1卷第1、2章[23]),"人口过密"的大不列颠在十年内,将使粮食生产足以供应六倍于目前人口的需要。资本日益增加,劳动力随着人口的增长而增长,科学又日益使自然力受人类支配。这种无法估量的生产能力,一旦被自觉地运用并为大众造福,人类肩负的劳动就会很快地减少到最低限度。要是让竞争自由发展,它虽然也会起同样的作用,然而是在对立之中起作用。一部分土地进行精耕细作,而另一部分土地——大不列颠和爱尔兰的3000万英亩好地——却荒芜着。一部分资本在以难以置信的速度周转,而另一部分资本却闲置在钱柜里。一部分工人每天工作14或16小时,而另一部分工人却无所事事,无活可干,活活饿死。或者,这种分立现象并不同时发生:今天生意很好,需求很大,这时,大家都工作,资本以惊人的速度周转着,农业欣欣向荣,工人干得累倒了,而明天停滞到来,农业不值得费力去经营,大片土地荒芜,资本在正在流动的时候凝滞,工人无事可做,整个国家因财富过剩、人口过剩而备尝痛苦。

在恩格斯看来,以上的问题很容易说清楚。因为人类能够支配的生产力是绵延无尽的,"资本、劳动和科学的应用,可以使土地的生产能力无限地提高"。"最有才智的经济学家和统计学家的计算（参看艾利生的《人口原理》第 1 卷第 1、2 章[23]）"承认这种观点，他们认为："人口过密"的大不列颠在十年内，将使粮食生产足以供应六倍于目前人口的需要。其理论基础在于，资本日益增加，人口增长使劳动力不断增长，科学带来人类支配自然能力增强，从而出现了无法估量的生产能力。当这些"被自觉地运用并为大众造福"，人类自己从事的劳动就会很快地减少到最低限度。竞争自由发展也可以带来同样的效果，但它往往是在矛盾对立中发挥作用的。第一种情况是分立同时发生，土地、资本和劳动都不能得到充分配置。"一部分土地进行精耕细作，而另一部分土地——大不列颠和爱尔兰的 3000 万英亩好地——却荒芜着。一部分资本在以难以置信的速度周转，而另一部分资本却闲置在钱柜里。一部分工人每天工作 14 或 16 小时，而另一部分工人却无所事事，无活可干，活活饿死。"第二种情况是分立不同时发生，同样也会造成严重后果。"今天生意很好，需求很大，这时，大家都工作，资本以惊人的速度周转着，农业欣欣向荣，工人干得累倒了，而明天停滞到来，农业不值得费力去经营，大片土地荒芜，资本在正在流动的时候凝滞，工人无事可做，整个国家因财富过剩、人口过剩而备尝痛苦"。

经济学家不能承认事情这样发展是对的，否则，他就得像上面所说的那样放弃自己的全部竞争体系，就得认识到自己把生产和消费对立起来，把人口过剩和财富过剩对立起来是荒诞无稽的。但是，既然事实是无法否认的，为了使这种事实与理论一致，就发明了人口论。

这样的经济发展事实推翻了经济学家所迷恋的全部竞争理论

体系，为了自圆其说，他们发明了人口论。目的是使生产和消费对立、人口过剩和财富过剩对立等的无法否认而又荒诞无稽的事实与其理论相一致。

这种学说的创始人马尔萨斯断言，人口总是威胁着生活资料，一旦生产增加，人口也以同样的比例增加，人口固有的那种其繁衍超过可支配的生活资料的倾向，是一切贫穷和罪恶的原因。因此，在人太多的地方，就应当用某种方法把他们消灭掉：或者用暴力将他们杀死，或者让他们饿死。可是这样做了以后，又会出现一个空隙，这个空隙又会马上被另一次繁衍的人口填满，于是，以前的贫穷状况又开始到来。据说在任何条件下都是如此，不仅在文明的状态下，而且在自然的状态下都是如此；新荷兰①平均每平方英里只有一个野蛮人，却也和英国一样，深受人口过剩的痛苦。简言之，要是我们愿意首尾一贯，那我们就得承认：**当地球上只有一个人的时候，就已经人口过剩了**。从这种阐述得出的结论是：正因为穷人是过剩人口，所以，除了尽可能减轻他们饿死的痛苦，使他们相信这是无法改变的，他们整个阶级的唯一出路是尽量减少生育，此外就不应该为他们做任何事情；或者，如果这样做不行，那么最好还是像"马尔库斯"所建议的那样，建立一种国家机构，用无痛苦的办法把穷人的孩子杀死；按照他的建议，每一个工人家庭只能有两个半小孩，超过此数的孩子用无痛苦的办法杀死。[24]施舍被认为是犯罪，因为这会助长过剩人口的增长；但是，把贫穷宣布为犯罪，把济贫所变为监

---

① 澳大利亚的旧称。——编者注

狱——这正是英国通过"自由的"新济贫法[25]已经做的——,却算是非常有益的事情。的确,这种理论很不符合圣经关于上帝及其创造物完美无缺的教义,但是"动用圣经来反驳事实,是拙劣的反驳!"①

人口理论的创始人是马尔萨斯。他提出了一个假设,认为人口存在"固有的那种其繁衍超过可支配的生活资料的倾向",这是"一切贫穷和罪恶的原因"。由这个假设出发,就可以推知"人口总是威胁着生活资料,一旦生产增加,人口也以同样的比例增加",必然产生"贫穷和罪恶"。为了解决这个问题,马尔萨斯认为需要消灭过多的人口,甚至采用暴力杀死或者饿死都是被允许的。然而,这样做只能出现一个空隙,意味着另一个轮回的开始,因为"这个空隙又会马上被另一次繁衍的人口填满",贫穷状况又会卷土重来。并且这被认为是适应所有时代条件的真理,文明状态和自然状态下无不如此,还举例说"新荷兰 平均每平方英里只有一个野蛮人,却也和英国一样,深受人口过剩的痛苦"。总而言之,这是一个根本不成立的假设,"要是我们愿意首尾一贯,那我们就得承认:当地球上只有一个人的时候,就已经人口过剩了"。进而可以得出这样的结论:穷人阶级必须承认自己是过剩人口,必须承认自己的宿命,或者减少生育率,或者尽可能减轻痛苦地饿死,除此以外,没有得到任何被救助的理由。如果这样做不行,那就得采用"马尔库斯"的建议,通过建立专门的国家机构,"用无痛苦的办法把穷人的孩子杀死"。他竟然还

---

① 托·卡莱尔:《宪章运动》,1840年伦敦版,第109页。——编者注

提出了具体的数量设想,"每一个工人家庭只能有两个半小孩,超过这个此数的孩子用无痛苦的办法杀死"。不仅如此,施舍和贫穷应当被宣布为犯罪,要"把济贫所变为监狱",这正是英国通过的"自由的"新济贫法的要求,这才是他们认为的"非常有益的事情"。不过,人口理论明显是与圣经相抵抗的,违背了关于上帝及其创造物完美无缺的教义,但他们认为"动用圣经来反驳事实,是拙劣的反驳!"

我是否还需要更详尽地阐述这种卑鄙无耻的学说,这种对自然和人类的恶毒诬蔑,并进一步探究其结论呢?在这里我们终于看到,经济学家的不道德已经登峰造极。一切战争和垄断制度所造成的灾难,与这种理论比起来,又算得了什么呢?要知道,正是这种理论构成了自由派的自由贸易体系的拱顶石,这块石头一旦坠落,整个大厦就倾倒。因为竞争在这里既然已经证明是贫困、穷苦、犯罪的原因,那么谁还敢对竞争赞一词呢?

恩格斯直接指出人口理论为"卑鄙无耻的学说",斥其为"对自然和人类的恶毒诬蔑",无需再进一步探究其结论。这一理论是经济学家不道德的登峰造极表现,其他一切战争和垄断制度所造成的灾难都无法与之相比。而这一理论作为拱顶石,支撑着整个自由派的自由贸易体系,"这块石头一旦坠落,整个大厦就倾倒"。可以看到,"竞争在这里既然已经证明是贫困、穷苦、犯罪的原因",因此也就无人敢对竞争赞美一个词了。

艾利生在上面引用过的著作中动摇了马尔萨斯的理论,他诉诸土地的生产力,并用以下的事实来反对马尔萨斯的原理:每一个成年人能够生产出多于他本人消费所需的东西。如果不存在这一事实，人类就不可能繁衍，甚至不可能生存；否则成长中的一代依靠什么来生活呢？① 可是，艾利生没有深入事物的本质，因而他最后也得出了同马尔萨斯一样的结论。他虽然证明了马尔萨斯的原理是不正确的，但是未能驳倒马尔萨斯据以提出他的原理的事实。

艾利生在他的著作中借助土地生产力的研究击穿了马尔萨斯的理论。他指出每个成年人能够生产出多于他本人消费所需要的东西，否则人类这一物种就不可能存在，因为未成年人不能生产满足自己消费所需的东西，他们必须依赖成年人的生产物。但比较遗憾的是，艾利生的研究流于表面，竟然得出了和马尔萨斯一样的结论。也就是说，他否定了马尔萨斯的原理，却承认了其所对应的事实。

如果马尔萨斯不这样片面地看问题，那么他必定会看到，人口过剩或劳动力过剩是始终与财富过剩、资本过剩和地产过剩联系着的。只有在整个生产力过大的地方，人口才会过多。从马尔萨斯写作时起②，任何人口过剩的国家的情况，尤其是英国的情况，都极其明显地证实了这一点。这是马尔萨斯应当从总体上加以考察的事实，而对这些事实的考察必然会得出正确的结论；他没有这样做，而是只选出一个事实，对其他事实不予考虑，因而得出荒谬的结论。他犯的第二个错误是把生活资料和就业手段混为一谈。人口总是威胁着就业手段，有多少人能够就业，就有多

---

① 阿·艾利生：《人口原理及其和人类幸福的关系》，1840年爱丁堡—伦敦版，第33—82页。——编者注

② 托·罗·马尔萨斯《人口原理》第1版于1798年在伦敦出版。——编者注

少人出生,简言之,劳动力的产生迄今为止由竞争的规律来调节,因而也同样要经受周期性的危机和波动,这是事实,确定这一事实是马尔萨斯的功绩。① 然而,就业手段并不就是生活资料。就业手段由于机器力和资本的增加而增加,这是仅就其最终结果而言;而生活资料,只要生产力稍有提高,就会立刻增加。这里暴露出经济学的一个新的矛盾。经济学家所说的需求不是现实的需求,他所说的消费只是人为的消费。在经济学家看来,只有能够为自己取得的东西提供等价物的人,才是现实的需求者,现实的消费者。但是,如果事实是这样:每一个成年人生产的东西多于他本人消费的东西;小孩像树木一样能够绰绰有余地偿还花在他身上的费用——难道这不是事实?——,那么就应该认为,每一个工人必定能够生产出远远多于他自己所需要的东西,因此,社会必定会乐意供给他所必需的一切;同时也应该认为,大家庭必定是非常值得社会向往的礼物。但是,由于经济学家观察问题很粗糙,除了以可捉摸的现金向他支付的东西以外,他不知道还有任何别的等价物。他已深陷在自己的对立物中,以致连最令人信服的事实也像最科学的原理一样使他无动于衷。

马尔萨斯犯了两个错误。第一个错误是片面地看问题。他还应当看到,也必定能看到"人口过剩或劳动力过剩是始终与财富过剩、资本过剩和地产过剩联系着的。只有在整个生产力过大的地方,人口才会过多"。从马尔萨斯写作时起就有很多例子证明以上的论述,"任何人口过剩的国家的情况,尤其是英国的情况"

---

① 托·罗·马尔萨斯:《人口原理》,1826年伦敦版第1卷,第18—21页。——编者注

都是这样。如果马尔萨斯能把这些事实纳入而从总体上加以考察,"必然会得出正确的结论"。然而,"他没有这样做,而是只选出一个事实,对其他事实不予考虑,因而得出荒谬的结论"。第二个错误是把生活资料和就业手段混为一谈。马尔萨斯在这里有正确的一部分,他看到了人口与就业手段之间的矛盾。"人口总是威胁着就业手段,有多少人能够就业,就有多少人出生,简言之,劳动力的产生迄今为止由竞争的规律来调节,因而也同样要经受周期性的危机和波动,这是事实,确定这一事实是马尔萨斯的功绩"。马尔萨斯在这里更有错误的一部分,他没有认识到"就业手段并不就是生活资料"。就业手段与机器力量和资本相关联,从最终结果看,"就业手段由于机器力和资本的增加而增加"。而生活资料是和生产力相关联的,"只要生产力稍有提高,就会立刻增加"。"这里暴露出经济学的一个新的矛盾",经济学家所说的需求是指能够提供等价物进行交换而获取消费品的需求,而不是人的现实的消费需求。"他所说的消费只是人为的消费。在经济学家看来,只有能够为自己取得的东西提供等价物的人,才是现实的需求者,现实的消费者"。事实是"每一个成年人生产的东西多于他本人消费的东西",同时满足小孩子的消费绰绰有余。"那么就应该认为,每一个工人必定能够生产出远远多于他自己所需要的东西,因此,社会必定会乐意供给他所必需的一切;同时也应该认为,大家庭必定是非常值得社会向往的礼物"。但是,经济学家只是囿于自己的视角,简单粗暴地观察问题。"他已深陷在自己的对立物中",只以现金这一抽象出来的等价物作为衡量标准,而罔顾最令人信服的事实和最科学的原理。

我们干脆用扬弃矛盾的方法消灭矛盾。只要目前对立的利益能够融合，一方面的人口过剩和另一方面的财富过剩之间的对立就会消失，关于一国人民纯粹由于富裕和过剩而必定饿死这种不可思议的事实，这种比一切宗教中的一切奇迹的总和更不可思议的事实就会消失，那种认为土地无力养活人们的荒谬见解也就会消失。这种见解是基督教经济学的顶峰，——而我们的经济学本质上是基督教经济学，这一点我可以用任何命题和任何范畴加以证明，这个工作在适当的时候我会做的；马尔萨斯的理论[21]只不过是关于精神和自然之间存在着矛盾和由此而来的关于二者的堕落的宗教教条在经济学上的表现。我希望也在经济学领域揭示这个对宗教来说并与宗教一起早就解决了的矛盾的虚无性。同时，如果马尔萨斯理论的辩护人事先不能用这种理论的原则向我解释，一国人民怎么能够纯粹由于过剩而饿死，并使这种解释同理性和事实一致起来，那我就不会认为这种辩护是站住脚的。

恩格斯提出"用扬弃矛盾的方法消灭矛盾"，认为只要能够把目前对立的利益融合起来，"一方面的人口过剩和另一方面的财富过剩之间的对立就会消失"，"那种认为土地无力养活人们的荒谬见解也就会消失"。他辛辣讽刺"关于一国人民纯粹由于富裕和过剩而必定饿死"是"不可思议的事实"，是"比一切宗教中的一切奇迹的总和更不可思议的事实"。恩格斯判定经济学的本质是基督教经济学，而马尔萨斯理论所代表的观点是基督教经济学的集中体现，并表示自己可以在"任何命题和任何范畴"中加以证明，于适当时候会去做这件事情。马尔萨斯的理论本质是"关于精神和自然之间存在着矛盾"的反映，进而又把"关于二者的堕落的宗教教条"通过经济学表现出来。恩格斯希望在经济学领域揭示这个矛盾的虚无性，因为在宗教领域早就解决了这一虚无性。如果马尔萨斯理论的辩护人不能用其理论的原则解释"一国人民怎么能够纯粹由于过剩而饿死"，并使之与理性和事实相一致，那这种辩护就是站不住脚的。

可是，马尔萨斯的理论却是一个推动我们不断前进的、绝对必要的中转站。我们由于他的理论，总的说来由于经济学，才注意到土地和人类的生产力，而且我们在战胜了这种经济学上的绝望以后，就保证永远不惧怕人口过剩。我们从马尔萨斯的理论中为社会变革汲取到最有力的经济论据，因为即使马尔萨斯完全正确，也必须立刻进行这种改革，原因只有这种变革，只有通过这种变革来教育群众，才能够从道德上限制繁殖本能，而马尔萨斯本人也认为这种限制是对付人口过剩的最有效和最简易的办法。① 我们由于这个理论才开始明白人类的极端堕落，才了解这种堕落依存于竞争关系；这种理论向我们指出，私有制如何最终使人变成了商品，使人的生产和消灭也仅仅依存于需求；它由此也指出竞争制度如何屠杀了并且每日还在屠杀着千百万人；这一切我们都看到了，这一切都促使我们要用消灭私有制、消灭竞争和利益对立的办法来消灭这种人类堕落。

但是，马尔萨斯的理论非常重要，它是"推动我们不断前进的、绝对必要的中转站"。我们借鉴了他的理论，也就是借鉴了经济学，吸收了土地和人类的生产力等基本范畴。但我们超越了

---

① 托·罗·马尔萨斯：《人口原理》，1826年伦敦版第2卷，第255—269页。——编者注

这套理论,"战胜了这种经济学上的绝望","保证永远不惧怕人口过剩"。马尔萨斯的理论为我们提倡的社会变革提供了"最有力的经济论据"。假使马尔萨斯所言完全正确,也必须进行我们所说的社会改革。我们所说的改革和马尔萨斯所说的改革效果上是一样的,"只有通过这种变革来教育群众,才能够从道德上限制繁殖本能",而限制繁殖正是马尔萨斯所说的"对付人口过剩的最有效和最简易的办法"。我们通过这种理论明白了人类悲剧的原因和解决办法。人类的极端堕落依存于竞争关系,私有制把人变成了商品,"使人的生产和消灭也仅仅依存于需求",竞争制度在以它的方法屠杀了"并且每日还在屠杀着千百万人"。所以,基于这些事实,"我们要用消灭私有制、消灭竞争和利益对立的办法来消灭这种人类堕落"。

然而,为了驳倒对人口过剩普遍存在的恐惧所持的根据,让我们再回过来谈生产力和人口的关系。马尔萨斯把自己的整个体系建立在下面这种计算上:人口按几何级数 $1+2+4+8+16+32……$ 增加,而土地的生产力按算术级数 $1+2+3+4+5+6$ 增加。① 差额是明显的、触目惊心的,但是这是否对呢?在什么地方证明过土地的生产能力是按算术级数增加的呢?土地的扩大是受限制的。好吧。在这个面积上使用的劳动力随着人口的增加而增加。即使我们假定,由于增加劳动而增加的收获量,并不总是与劳动量成比例地增加,这时仍然还有一个第三个要素,一个对经济学家来说当然是无足轻重的要素——科学,它的进步与人口

---

① 托·罗·马尔萨斯:《人口原理》,1826年伦敦版第1卷,第11页。——编者注

的增长一样,是永无止境的,至少也是与人口的增长一样快。仅仅一门化学,光是汉弗莱·戴维爵士和尤斯图斯·李比希两人,就使本世纪的农业获得了怎样的成就?可见科学发展的速度至少也是和人口增长的速度一样的;人口与前一代人的人数成比例地增长,而科学则与前一代人遗留的知识量成比例地发展,因此,在最普通的情况下,科学也是按几何级数发展的。而对科学来说,又有什么是做不到的呢?当"密西西比河流域有足够的荒地可容下欧洲的全部人口"① 的时候,当地球上的土地才耕种了三分之一,而这三分之一的土地只要采用现在已经人所共知的改良耕作方法,就能使产量提高五倍、甚至五倍以上的时候,谈论什么人口过剩,岂不是非常可笑的事情。

　　为了消除"对人口过剩普遍存在的恐惧",我们必须驳倒其依据,因此我们需要再回过头来谈一谈生产力和人口的关系。马尔萨斯整个体系的数理基础是生产力和人口按照不同的级数增长,"人口按几何级数 1+2+4+8+16+32……增加,而土地的生产力按算术级数 1+2+3+4+5+6 增加"。很明显,二者之间差额巨大、触目惊心,但是这并不一定是正确的。没有谁"证明过土地的生产能力是按算术级数增加的",不过土地的扩大受限制倒是一个事实。在一定面积的土地上"使用的劳动力随着人口的增加而增加",则会必然带来产量的增加。假定"增加劳动而增加的收获量,并不总是与劳动量成比例地增加",产量的增加少于人口的增加比例。但我们还要考量科学这一第三要素,一个

---

① 约·瓦茨:《政治经济学家的事实和臆想》,1842年曼彻斯特—伦敦版,第21页。——编者注

对经济学家来说当然是无足轻重的要素。科学的进步与人口的增长有着类似的情况，都是永无止境的，至少也是与人口的增长一样快。我们可以举出很多事例证明科学进步的速度之快。仅仅一门化学，光是汉弗莱·戴维爵士和尤斯图斯·李比希两人，就使本世纪的农业获得了惊人的成就。在最普通的情况下，科学也是按几何级数发展的，因为"人口与前一代人的人数成比例地增长，而科学则与前一代人遗留的知识量成比例地发展"。所以，"谈论什么人口过剩"实在是非常可笑的事情。当"密西西比河流域有足够的荒地可容下欧洲的全部人口"，当地球上的土地才耕种了三分之一，而这三分之一的土地只要采用现在已经人所共知的改良耕作方法，就能使产量提高五倍、甚至五倍以上，足够增加的人口食用。

这样，竞争就使资本与资本、劳动与劳动、土地占有与土地占有对立起来，同样又使这些要素中的每一个要素与其他两个要素对立起来。力量较强的在斗争中取得胜利。要预卜这个斗争的结局，我们就得研究一下参加斗争的各方的力量。首先，土地占有或资本都比劳动强，因为工人要生活就得工作，而土地占有者可以靠地租过活，资本家可以靠利息过活，万不得已时，也可以靠资本或资本化了的土地占有过活。其结果是：劳动得到的仅仅是最必需的东西，仅仅是一点点生活资料，而大部分产品则为资本和土地占有所得。此外，较强的工人把较弱的工人，较大的资本把较小的资本，较大的土地占有把小土地占有从市场上排挤出去。实践证实了这个结果。大家都知道，大厂主和大商人比小厂主和小商人占优势，大土地占有者比只有一摩尔根土地的占有者占优势。其结果是：在通常情况下，按照强者的权利，大资本和大土地占有吞并小资本和小土地占有，就是说，产生了财产的集中。在商业危机和农业危机时期，这种集中就进行得更快。一般来说，大的财产比小的财产增长得更快，因为从收入中作为占有者的费用所扣除的部分要小得多。这种财产的集中是一个规律，它与所有其他的规律一样，是私有制所固有的；中间阶级必然越来越多地消失，直到世界分裂为百万富翁和穷光蛋、大土地占有者和贫穷的短工为止。任何法律，土地占有的任何分割，资本的任何偶然的分裂，都无济于事，这个结果必定会产生，而且就会产生，除非在此之前全面改革社会关系、使对立的利益融合、使私有制归于消灭。

这样，竞争就使资本财产与资本财产、劳动财产与劳动财产、土地财产与土地财产对立起来，同样又使每一种财产与其他两种财产对立起来。从而产生了三大后果。第一个是劳动财产在竞争中败北，资本财产和土地财产作为力量较强者在斗争中取得胜利。从力量对比来看，"土地占有或资本都比劳动强，因为工人要生活就得工作，而土地占有者可以靠地租过活，资本家可以靠利息过活，万不得已时，也可以靠资本或资本化了的土地占有过活"。最后，"劳动得到的仅仅是最必需的东西，仅仅是一点点生活资料，而大部分产品则为资本和土地占有所得"。第二个是出现了财产的集中。这种是同类财产之间的互相竞争的后果，力量大者胜出，"较强的工人把较弱的工人，较大的资本把较小的资本，较大的土地占有把小土地占有从市场上排挤出去"。实践在不断验证这个结果，"大厂主和大商人比小厂主和小商人占优势,大土地占有者比只有一摩尔根土地的占有者占优势"。这种弱肉强食的结果就是"大资本和大土地占有吞并小资本和小土地占有,就是说,产生了财产的集中"。从不同时期来看,"在商业危机和农业危机时期,这种集中就进行得更快"。从财产体量来看,"大的财产比小的财产增长得更快,因为从收入中作为占有者的费用所扣除的部分要小得多"。第三个是带来了阶级的分裂。财产的集中是私有制所固有的一个规律,在这个规律作用下,阶级的分裂是必然的结果。"中间阶级必然越来越多地消失,直到世界分裂为百万富翁和穷光蛋、大土地占有者和贫穷的短工为止"。任何调节手段都是无用的,"任何法律,土地占有的任何分割,资本的任何偶然的分裂,都无济于事,这个结果必定会产生,而且就会产生"。除非是消灭私有制,全面改革社会关系,那样就可以使对立的利益融合,实现矛盾的扬弃。

  作为当今经济学家主要口号的自由竞争,是不可能的事情。垄断至少具有使消费者不受欺骗的意图,虽然它不可能实现这种意图。消灭垄断就会为欺骗敞开大门。你们说,竞争本身是对付欺骗的办法,谁也不会去买坏的东西;照这样说来,每个人都必须是每一种商品的行家,而这是不可能的,由此可见,垄断是必要的。药房等等**必须**实行垄断。最重要的商品即货币恰好最需要垄断。每当流通手段不再为国家所垄断的时候,这种手段就引起商业危机,因此,英国的经济学家,其中包括威德博士,也认为在这里有实行垄断的必要。① 但是,垄断也不能防止假币。随便

---

① 约·威德:《中等阶级和工人阶级的历史》,1835年伦敦第3版,第152—160页。——编者注

你站在问题的哪一方面,一方面的困难与另一方面的困难都不相上下。垄断引起自由竞争,自由竞争又引起垄断;因此,二者一定都失败,而且这些困难只有在消灭了产生这二者的原则时才能消除。

自由竞争是当今经济学家的主要口号,但自由竞争是不可能的事情。相比较来说,垄断更能够使消费者免受欺骗,当然这也是一种不可能实现的意图。消灭垄断,推行竞争,"就会为欺骗敞开大门"。你们的意见相反,把竞争当作对付欺骗的办法,因为"谁也不会去买坏的东西"。然而,这又是一种假想,没有人能够识别所有东西的好坏,除非他是"每一种商品的行家","由此可见,垄断是必要的"。很多方面都需要实行垄断,比如药房和货币等。相比于药品来说,货币是最重要的商品,也最需要垄断。如果国家不能垄断流通手段,就会出现商业危机,"因此,英国的经济学家,其中包括威德博士,也认为在这里有实行垄断的必要"。但是,话又说回来,"垄断也不能防止假币"。无论是你站在垄断的一面,还是竞争的一面,两方面的困难都不相上下。垄断与竞争其实是一回事,"垄断引起自由竞争,自由竞争又引起垄断",两者都不可能成功。解决这些困难的办法只能是消灭产生这二者的原则。

竞争贯穿我们的全部生活关系中,造成了人们今日所处的相互奴役状况。竞争是强有力的发条,它一再促使我们的日益陈旧而衰退的社会秩序,或者更正确地说,无秩序状况活动起来,但是,它每努力一次,也就消耗掉一部分日益衰败的力量。竞争支配着人类在数量上的增长,也支配着人类在道德上的进步。谁只要稍微熟悉一下犯罪统计,他就会注意到,犯罪行为按照特有的规律性年年增加,一定的原因按照特有的规律性产生一定的犯罪行为。工厂制度的扩展到处引起犯罪行为的增加。我们能够精确地预计一个大城市或者一个地区每年会发生的逮捕、刑事案件,以至凶杀、抢劫、偷窃等事件的数字,在英国就常常这样做。这种规律性证明犯罪也受竞争支配,证明社会产生了犯罪的**需求**,这个需求要由相应的**供给**来满足;它证明由于一些人被逮捕、放逐或处死所形成的空隙,立刻会有其他的人来填满,正如人口一有空隙立刻就会有新来的人来填满一样;换句话说,它证明了犯罪威胁着惩罚手段,正如人口威胁着就业手段一样。别的且不谈,在这种情况下对罪犯的惩罚究竟公正到什么程度,我让我的读者去判断。我认为这里重要的是:证明竞争也扩展到了道德领域,并表明私有制使人堕落到多么严重的地步。

由于"竞争贯穿我们的全部生活关系中",造成了今日人们互相奴役的状况。竞争是激活衰退无序的社会旧秩序的发条,不过,每次激活都会"消耗掉一部分日益衰败的力量"。竞争是犯罪的根源,它既"支配着人类在数量上的增长,也支配着人类在道德上的进步"。根据统计来看,犯罪行为因一定原因有规律地产生,并据此有规律地年年增加。代表竞争的工厂制度证明了这一规律,随着它的"扩展到处引起犯罪行为的增加。我们能够精确地预计一个大城市或者一个地区每年会发生的逮捕、刑事案件,以至凶杀、抢劫、偷窃等事件的数字,在英国就常常这样做。"由此可知,"犯罪也受竞争支配","社会产生了犯罪的需求,这个需求要由相应的供给来满足"。竞争的波动套用到犯罪领域,"由于一些人被逮捕、放逐或处死所形成的空隙,立刻会有其他的人来填满,正如人口一有空隙立刻就会有新来的人来填满一样"。沿用前面的逻辑,人口威胁着就业手段,犯罪就威胁着惩罚手段。抛开别的不谈,读者们也能够想象到,对犯罪的惩罚远远难以满足公平正义的标准。不过,更需要说明的是:"竞争也扩展到了道德领域,并表明私有制使人堕落到多么严重的地步"。

在资本和土地反对劳动的斗争中,前两个要素比劳动还有一个特殊的优越条件,那就是科学的帮助,因为在目前情况下连科学也是用来反对劳动的。例如,几乎一切机械发明,尤其是哈格里沃斯、克朗普顿和阿克莱的棉纺机,都是由于缺乏劳动力而引起的。对劳动的渴求导致发明的出现,发明大大地增加了劳动力量,因而降低了对人的劳动的需要。1770 年以来英国的历史不断地证明了这一点。棉纺业中最近的重大发明——自动走锭纺纱机——就完全是由于对劳动的需求和工资的提高引起的;这项发明使机器劳动增加了一倍,从而把手工劳动减少了一半,使一半工人失业,因而也就降低另一半工人的工资;这项发明破坏了工人对工厂主的反抗,摧毁了劳动在坚持与资本作力量悬殊的斗争时的最后一点力量(参看**尤尔博士**《工厂哲学》第 2 卷①)。诚然,经济学家说,归根结底,机器对工人是有利的,因为机器能够降低生产费用,因而替产品开拓新的更广大的市场,这样,机器最终还能使失业工人重新就业。这完全正确,但是,劳动力的

---

① 安·尤尔:《工厂哲学:或论大不列颠工厂制度的科学、道德和商业的经济》,1835 年伦敦修订第 2 版,第 366—373 页。——编者注

生产是受竞争调节的，劳动力始终威胁着就业手段，因而在这些有利条件出现以前就已经有大量寻求工作的竞争者等待着，于是有利的情况形如虚构，而不利的情况，即一半工人突然被剥夺生活资料而另一半工人的工资被降低，却决非虚构，这一点为什么经济学家就忘记了呢？发明是永远不会停滞不前的，因而这种不利的情况将永远继续下去，这一点为什么经济学家就忘记了呢？由于我们的文明，分工无止境地增多，在这种情况下，一个工人只有在一定的机器上被用来做一定的细小的工作才能生存，成年工人几乎在任何时候都根本不可能从一种职业转到另一种新的职业，这一点为什么经济学家又忘记了呢？

在资本财产和土地财产反对劳动财产的斗争中，前二者比后者"还有一个特殊的优越条件，那就是科学的帮助"，在目前的状况下，竟然连科学也是反对劳动财产的。劳动力的缺乏和对劳动力的需求导致了发明的出现，增加了劳动力的量，进而降低了对人的劳动的需要。"例如，几乎一切机械发明，尤其是哈格里沃斯、克朗普顿和阿克莱的棉纺机，都是由于缺乏劳动力而引起的"。1770年以来英国的历史不断地证明了这一点。这个不断发展的过程有着真实数据，表明了劳动财产对资本财产的抗争能力被彻底击溃。"棉纺业中最近的重大发明——自动走锭纺纱机——就完全是由于对劳动的需求和工资的提高引起的；这项发明使机器劳动增加了一倍，从而把手工劳动减少了一半，使一半工人失业，因而也就降低另一半工人的工资；这项发明破坏了工人对工厂主的反抗，摧毁了劳动在坚持与资本作力量悬殊的斗争时的最后一点力量（参看尤尔博士《工厂哲学》第2卷）"。经济学家认为机器的使用归根结底是对工人有利的,当机器的使用降低生产费用后,可为产品开拓新的更广大的市场,失业工人就能够重新就业。这种说法是正确的,但是,这与竞争中劳动力的实际状况是相违背的,因为劳动力始终威胁着就业手段,在这些有利条件出现之前本来就存在着大量待业者。所以,有利的情况是虚构的,而不利的情况却是现实的,"即一半工人突然被剥夺生活资料而另一半工人的工资被降低,却决非虚构",经济学家对此熟视无睹。经济学家忘了"发明是永远不会停滞不前的",对劳动者不利的情况因而将永远继续下去。更残酷的问题在于,工业文明带来的分工无止境地增多,一个工人被一定的机器限定在一定的细小的工作上,"成年工人几乎在任何时候都根本不可能从一种职业转到另一种新的职业",他已经无能力参与所谓公平的竞争。这一点经济学家又忘了。

考虑到机器的作用,我有了另一个比较远的题目即工厂制度;但是,现在我既不想也没有时间来讨论这个题目。不过,我希望不久能够有机会来详细地阐述这个制度的极端的不道德,并且无情地揭露经济学家在这里表现得十分出色的那种伪善。[26]

写到这里,恩格斯想到了工厂制度这另一个比较远的题目。但是他还不想就此展开讨论,另外也没有时间来讨论这个题目。不过,他认为这个题目较重要,"希望不久能够有机会来详细地阐述这个制度的极端的不道德",并无情地揭露经济学家在这一制度中所表现出来的那种十足的伪善。

注 释

16 《国民经济学批判大纲》是恩格斯在同马克思合作以前撰写的政治经济学论著,是他从唯心主义向唯物主义、从革命民主主义向共产主义转变过程中的重要著作。恩格斯在这篇著作中对资产阶级政治经济学作了比较系统的考察,论述了它的起源、作用和影响;剖析了它的基本范畴,并着重指出竞争是资产阶级经济学家的主要范畴,阐明了资本主义私有制条件下的竞争必然会导致的种种恶果;揭露了资产阶级政治经济学的阶级实质,指出它是资本主义私有制的理论表现。恩格斯还揭露了资本主义生产方式的各种矛盾,指出以劳动和资本相对立为特征的资本主义私有制是一切社会矛盾的根源,资本主义内部正在孕育并必然产生社会革命,强调只有消灭私有制,全面变革社会关系,才能消除资本主义制度造成的极其严重的社会弊端。

恩格斯的这篇经济学著作对马克思的政治经济学研究产生过重要影响。马克思对这篇著作作了详细摘录,给予高度评价,赞誉它是"批判经济学范畴的天才大纲"(见本选集第2卷第3页),指出这篇著作"已经表述了科学社会主义的某些一般原则"(见本选集第3卷741页)。

《国民经济学批判大纲》写于1843年9月底或10月初—1844年1月中旬,发表在1844年2月的《德法年鉴》上。1890年,德国社会民主党理论刊物《新时代》编辑部为庆祝恩格斯七十寿辰,于11月28日重新发表了《国民经济学批判大纲》。

《国民经济学批判大纲》的中译文(节译)于1931年发表在广州中山大学《社会科学论丛》第3—4卷,译者是何思敬;1951年人民出版社出版了何思敬的全译本。——17。

5 国民经济学是当时德国人对英国人和法国人称做政治经济学的资产阶级政治经济学采用的概念。德国人认为政治经济学是一门系统地研究国家应该采取哪些措施和手段来管理、影响、限制和安排工业、商业和手工业，从而使人民获得最大福利的科学。因此，政治经济学也被等同于国家学（Staatswissenschaft）。英国经济学家亚·斯密认为，政治经济学是关于物质财富的生产、分配和消费的规律的科学。随着斯密主要著作的问世及其德译本的出版，在德国开始了一个改变思想的过程。有人认为可以把斯密提出的原理纳入德国人界定为国家学的政治经济学。另一派人则竭力主张把两者分开。路·亨·冯·雅科布和尤·冯·索登在1805年曾作了两种不同的尝试，但都试图以一门独立的学科形式来表述一般的经济学原理，并都称其为"国民经济学"。——6、17、49、114、291。

17　重商主义是15—16世纪流行于欧洲各国的一个经济学派，反映了那个时期商业资本的利益和要求。重商主义者认为货币是财富的基本形式，主张国家干预经济生活，采取措施在对外贸易上实现出超，使货币流入本国，并严禁货币输出国外，对进口实行保护关税政策。

早期重商主义的形式是货币主义，主张货币差额论，即禁止货币输出，增加金银收入。晚期重商主义盛行于17世纪，主张贸易差额论，即发展工业，扩大对外贸易出超，保证大量货币的输入。——18。

18　十字军征讨指11—13世纪西欧天主教会、封建主和大商人打着从伊斯兰教徒手中解放圣地耶路撒冷的宗教旗帜，主要对东地中海沿岸伊斯兰教国家发动的侵略战争。因参加者的衣服上缝有红十字，故称"十字军"。十字军征讨前后共八次，历时近200年，最后以失败而告终。十字军征讨给东方国家的人民带来了深重的灾难，也使西欧国家的人民遭受惨重的牺牲，但是，它在客观上也对东西方的经济和文化交流起到了一定的促进作用。——18、403、503。

19　宗教裁判所，又称异端裁判所，是天主教会侦查和审讯异端分子的机构，1231年由教皇格雷戈里九世在罗马建立。随后，法国、比利时、意大利、西班牙等国也先后设立了宗教裁判所。宗教裁判所以教皇为最高首脑，裁判官由教皇任命并直接控制，不受地方教会机构和世俗政权的监督制约。裁判所对异端分子、异端嫌疑者实行秘密审讯，严刑拷打。刑罚的种类有没收财产、监禁、流放和火刑等。16世纪以后，随着教皇权势的削弱，宗教裁判所也逐渐衰落。1908年，教皇庇护九世把罗马裁判所改为圣职部，由教皇亲自主持，其主要职能是检查书刊，颁布禁书目录，革除教徒教籍以及罢免神职人员等。——18、512。

20 **社会契约**是让·雅·卢梭提出的政治理论。按照这一理论，人们最初生活在自然状态下，人人都享有平等的权利。私有财产的形成和不平等的占有关系的发展决定了人们从自然状态向市民状态的过渡，并导致以社会契约为合法基础的国家的形成。社会契约的目的是达到每个结合者的平等和自由。政治上的不平等的进一步发展破坏了这种社会契约，导致某种新的自然状态的形成。为了消除这一自然状态，必须建立以某种新的社会契约为基础的理性国家。

卢梭在1755年阿姆斯特丹版的《论人间不平等的起源和原因》和1762年阿姆斯特丹版的《社会契约论，或政治权利的原则》这两部著作中详细阐述了这一理论。——18。

21 **马尔萨斯人口论**是英国资产阶级经济学家托·马尔萨斯提出的理论，又称马尔萨斯主义。马尔萨斯在1798年出版的《人口原理。人口对社会未来进步的影响》一书中认为，在正常情况下，人口以几何级数率（1、2、4、8、16……）增长，而生活资料则以算术级数率（1、2、3、4、5……）增长，人口的增长超过生活资料的增长是一条"永恒的自然规律"。他用这一观点来解释资本主义制度下劳动人民遭受失业、贫困的原因，认为只有通过战争、瘟疫、贫困和罪恶等来抑制人口的增长，人口与生活资料的数量才能相适应。——19、38、42、484。

22 **反谷物法同盟**是英国工业资产阶级的组织，由曼彻斯特的两个纺织厂主理·科布顿和约·布莱特于1838年创立。谷物法是英国政府为维护大土地占有者的利益,从1815年起实施的旨在限制或禁止从国外输入谷物的法令(见注44)。同盟要求贸易完全自由,废除谷物法,其目的是为了降低国内谷物价格,从而降低工人的工资,削弱土地贵族的经济和政治地位。同盟在反对大土地占有者的斗争中曾经企图利用工人群众,宣称工人和工厂主的利益是一致的。但是,就在这个时候,英国的先进工人展开了独立的、政治性的宪章运动。1846年谷物法废除以后,反谷物法同盟宣布解散。实际上,同盟的一些分支机构一直存在到1849年。——30、122、184、362。

23 即阿·艾利生《人口原理及其和人类幸福的关系》1840年爱丁堡—伦敦版第1—82页。恩格斯对该书作的摘要片断,见《马克思恩格斯全集》1981年历史考证版第4部分第2卷第585—589页。——39。

24 以"马尔库斯"这一署名发表的小册子在英国不止一本。这里可能指马尔库斯《论限制人口增长的可能性》(1838年伦敦版),以及《无痛苦灭绝论》等。本文所述显然转引自托·卡莱尔《宪章运动》1840年伦敦版第110—111页。——40。

25 **新济贫法**指1834年英国议会通过的《关于修改和更好地实施英格兰与威尔士济贫法的法令》。新济贫法只允许用一种办法来救济贫民,那就是把他们安置到习艺所(见注77)从事强制性劳动。——40、121、361。

26 指恩格斯原来准备撰写的关于英国社会史的著作。他在英国居留期间(1842年11月—1844年8月)曾为撰写这部著作收集了材料,打算在这部著作中用专门的篇幅描写英国工厂制度和工人阶级的状况。后来他改变计划,决定撰写一本专著论述英国无产阶级。他回到德国后完成了这部著作,即1845年在莱比锡出版的《英国工人阶级状况》(见本卷)。——48。

第三部分

延伸阅读 经典著作选编

第一项
卡·马克思和弗·恩格斯合著
神圣家族,
或
对批判的批判所做的批判
驳布鲁诺·鲍威尔及其伙伴

马克思和恩格斯写于1844年9月—11月

批判性的评注 1

对任何科学的最初的批判必然要拘泥于这个批判所反对的科学本身的种种前提,同样,蒲鲁东的"什么是财产?"这部著作也是从政治经济学的观点对政治经济学所做的批判。——至于该书有关法律的部分,即根据法的观点来批判法的这一部分,我们在这里没有做深入研究的必要,因为该书的主旨是批判政治经济学。——因此,通过对政治经济学,其中包括对蒲鲁东所了解的政治经济学的批判,蒲鲁东的著作被科学地越过了。这一工作之成为可能,正是依靠了蒲鲁东本人曾经做过的一切,这正如同蒲鲁东所做的批判是以重农学派对重商主义学说的批判、亚当·斯密对重农学派的批判、李嘉图对亚当·斯密的批判以及傅立叶和圣西门的著作为前提一样。

政治经济学的一切论断都以私有制为前提。这个基本前提被政治经济学当做确定不移的事实，而不加以任何进一步的研究，并且正如萨伊所坦率承认的，甚至被当做只是"偶然"为政治经济学所涉及的事实。蒲鲁东则对政治经济学的基础即私有制做了批判的考察，而且是第一次带有决定性的、严峻而又科学的考察。这就是蒲鲁东在科学上所完成的巨大进步，这个进步使政治经济学革命化了，并且第一次使政治经济学有可能成为真正的科学。蒲鲁东的"什么是财产？"这部著作对现代政治经济学的意义，正如同西哀士的著作"什么是第三等级？"对现代政治学的意义一样。

如果说蒲鲁东本人还没有把私有制的各种进一步的形式，如工资、商业、价值、价格、货币等等，像"德法年鉴"那样看做私有制的形式（见弗·恩格斯的"政治经济学批判大纲"），而是用这些政治经济学的前提来反驳经济学家，那末这就完全符合他那从历史上说来可以原宥的上述观点。

把私有制关系当做合乎人性的和合理的关系的政治经济学，不断地和自己的基本前提——私有制——发生矛盾，这种矛盾正像神学家所碰到的矛盾一样：神学家经常按人的方式来解释宗教观念，因而不断地违背自己的基本前提——宗教的超人性。例如在政治经济学中，工资最初看来是同消耗在产品上的劳动相称的份额。工资和资本的利润彼此处在最友好的、互惠的、好像是最合乎人性的关系中。后来却发现，这二者是处在最敌对的、相反的关系中的。最初，价值看起来确定得很合理：它是由物品的生产费用和物品的社会效用来确定的。后来却发现，价值纯粹是偶然确定的，它无论和生产费用或者和社会效用都没有任何关系。工资的数额起初是由自由的工人和自由的资本家自由协商来确定的。后来却发现，工人是被迫同意资本家所规定的工资，而资本家则是被迫把工资压到尽可能低的水平。强制代替了立约双方的自由。在商业和其他一切经济关系方面的情形也都是这样。有时经济学家们自己也感觉到这些矛盾，而且揭露这些矛盾成了他们之间的斗争的主要内容。但是，在经济学家们意识到这些矛盾的情况下，他们自己也攻击表现在某种个别形式中的私有制，把私有制的某些个别形式斥责为本来合理的（即他们认为合理的）工资、本来合理的价值、本来合理的商业的伪造者。例如，亚当·斯密有时攻击资本家，德斯杜特·德·特拉西攻击银行家，西蒙·德·西斯蒙第攻击工厂制度，李嘉图攻击土地所有制，而几乎所有近代的经济学家都攻击非产业资本家，即仅仅作为消费者来体现私有制的资本家。

所以经济学家们有时候，特别是在他们攻击某种特殊的损人利己的犯罪行为的时候，例外地维护经济关系上的合乎人性的外观，但在大多数场合下，他们恰恰是从这些关系同人性显然有区别的方面，从严格的经济意义上来把握这些关系的。他们总是不自觉地在这个矛盾中徘徊不已。

蒲鲁东永远结束了这种不自觉的状态。他认真地对待经济关系的合乎人性的外观，并把它和经济关系的违反人性的现实尖锐地对立起来。他迫使这些关系真正符合于它们自己对自己的看法；或者更确切些说，他迫使这些关系抛弃关于自身的这种看法而承认自己是真正违反人性的。因此，蒲鲁东不同于其余的经济学家，他不是把私有制的这种或那种个别形式、而是把整个私有制十分透彻地描述为经济关系的伪造者。从政治经济学观点出发对政治经济学进行批判时所能做的一切，他都已经做了。

想说明"什么是财产？"这部著作的观点的特征的埃德加尔先生，当然是既丝毫没有谈到政治经济学，也丝毫没有谈到蒲鲁东的著作所具有的特点，而这种特点正是在于把私有制的实质问题看做政治经济学和法学的根本问题。对于批判的批判说来，所有这一切都是不言而喻的。蒲鲁东并未因他否定私有制而有了任何新的发现。他不过是泄露了批判的批判所讳莫如深的秘密罢了。

埃德加尔先生在他那赋予特征的翻译之后马上接着说道："于是，蒲鲁东发现了历史上的一个绝对者，一个永恒的基础，一个引导人类的神。这个神就是公平。"

蒲鲁东在1840年用法文写的著作并不是从1844年德国发展的观点出发的。这也就是蒲鲁东跟许多和他恰相对立的法国作家所共有的观点，它给批判的批判以方便，使后者可以笼统地一下说明两种截然相反的观点的特征。此外，只要彻底遵循蒲鲁东自己所提出的规律，即公平通过对自身的否定而实现的规律，就足以摆脱这个历史上的绝对者。如果说蒲鲁东没有得出这种彻底的结论，那末这应当归咎于他生为法国人而不是德国人的这种可悲的情况。

对埃德加尔先生说来，由于蒲鲁东提出了历史上的绝对者，由于他相信公平，所以他就成了神学的对象；而职业的批判神学的批判的批判现在就可以抓住蒲鲁东，以便能在"宗教观念"上大作文章。

"每一种宗教观念的特点都是把这样一种情况奉为信条：两个对立面中最后总有一个要成为胜利的和唯一真实的。"

我们将看到，宗教的批判的批判是把这样一种情况奉为信条：两个对立面中最后有一个——"批判"——要作为唯一的真理战胜另一个对立面——"群众"。可是蒲鲁东却把群众的公平当做绝对者，奉为历史上的神，从而就犯下了更不公平的过错，因为公平的批判已经非常明确地为自己保留了这个绝对者、这个历史上的神的地位。

选自《马克思恩格斯全集》第2卷，北京：人民出版社1957年版，第38—42页。

现在来谈谈蒲鲁东先生从（由劳动时间）构成的价值中得出的结论。

——一定的劳动量和同一劳动量所创造的产品是等价的。

——任何一个劳动日和另一个劳动日都是相等的；这就是说，一个人的劳动和另一个人的劳动如果数量相等，二者也是等值的，两个人的劳动并没有质的差别。在劳动量相等的前提下，一个人的产品和另一个人的产品相交换。所有的人都是雇佣工人，而且都是以相等劳动时间得到相等报酬的工人。交换是在完全平等的基础上实现的。

这些结论是不是由劳动时间所"构成"或决定的价值的自然的和必然的结果呢？

如果商品的相对价值由生产商品所需的劳动量来决定，那末自然就会得出结论说，劳动的相对价值或工资也由生产工资所必需的劳动量来决定。工资，即劳动的相对价值或价格，因而也是由生产工人一切生活必需品所必要的劳动时间来决定的。

"如果把帽子的生产费用减少，即使需求增加两三倍，帽子的价格结果也会降到新的自然价格的水平。如果用减少维持生活的粮食和衣服的自然价格的办法来减少人们的生活费用，即使对劳动力的需求大大增加，结果工资也会下降。"（李嘉图，第二卷第253页）

当然，李嘉图的话是极为刻薄的。把帽子的生产费用和人的生活费用混为一谈，这就是把人变成帽子。但是用不着对刻薄大声叫嚷！刻薄在于事实本身，而不在于表明事实的字句！法国的作家，象德罗兹、布朗基、罗西等先生用遵守"人道的"语言的礼节来证明他们比英国的经济学家们高明，从而得到天真的满足；如果他们责难李嘉图和他的学派言词刻薄，那是由于他们不乐意看到把现代经济关系赤裸裸地揭露，把资产阶级最大的秘密戳穿。

总括起来就是：劳动本身就是商品，它是作为商品由生产劳动这种商品所必需的劳动时间来衡量的。而要生产这种劳动商品需要什么呢？需要为了生产维持不断的劳动即供给工人活命和延续后代所必需的物品的劳动时间。劳动的自然价格无非就是工资的最低额①。如果工资的市场价格超过了它的自然价格，那是由于被蒲鲁东先生推崇为原则的价值规律遇到供求关系波动后果的抵抗。但是工资的最低额始终是工资市场价格趋向的中心。

因而，由劳动时间衡量的相对价值注定是工人遭受现代奴役的公式，而不是蒲鲁东先生所希望的无产阶级求得解放的"革命理论"。

现在我们来看看，把劳动时间作为价值尺度这种做法和现存的阶级对抗、和劳动产品在直接劳动者与积累劳动占有者之间的不平等分配是多么不相容。

我们就拿一种产品例如麻布来说。这种产品本身包含着一定的劳动量。无论参加制造这种产品的人们的相互地位起什么变化，这种劳动量始终是一样的。

再拿别的产品例如呢绒来说，并假定生产呢绒所需要的劳动量和生产麻布的劳动量相等。

如果这些产品互相交换，那就是相等的劳动量在交换。这种等量的劳动时间的交换并没有改变生产者的相互地位，正如工人和工厂主的相互关系没有任何改变一样。如果认为这种由劳动时

---

① 劳动力的"自然"价格（即正常价格）和工资的最低额相等，即和保证工人活命和延续后代所绝对必要的生活资料的价值相等；这一论点，是我首先在"政治经济学批判大纲"〔"德法年鉴"1844年巴黎版〕和"英国工人阶级状况"中提出的。从本文中可以看出，马克思当时是采用了这个论点的。拉萨尔借用了我们两人的这个论点。虽然工资实际上经常有接近最低额的趋势，但上述论点毕竟是不正确的。劳动力的报酬平均总低于劳动力的价值，这一事实并不能改变它的价值。马克思在"资本论"中纠正了上述论点（见"劳动力的买和卖"节），而且阐明了在资本主义生产下劳动力的价格会愈来愈低于劳动力的价值（第二十三章。"资本主义积累的一般规律"）。——弗·恩．（恩格斯在1885年德文版上加的注）

间来衡量价值的产品的交换会使一切生产者得到平等的报酬,这种说法就是假定,平等分配还在交换以前就存在了。当呢绒和麻布进行交换的时候,呢绒的生产者就会在麻布上恰恰占有他们以前在呢绒上所占有的那一份。

蒲鲁东先生的谬误是由于他把至多不过是一种没有根据的假设看做结果。

我们再看下去。

我们把劳动时间当做价值尺度,那末这至少是不是假定各个劳动日是等价的,这一个人的劳动日和另一个人的劳动日是等值的呢?不是。

暂且假定,一个首饰匠的劳动日和一个织布工人的三个劳动日是等价的;在这种情况下,首饰品对纺织品比值的任何变化,如果不是供求变动的暂时结果,就必然是由于两种生产的劳动时间有所增减。如果不同的劳动者的三个劳动日相互的比例是1:2:3,他们产品的相对价值中的一切变化也会是这个比率,即1:2:3。因此,虽然不同的劳动日的价值不等,价值还是可以用劳动时间来衡量的;但是要使用这种尺度,就需要有一个可以比较各种不同劳动日价值的尺度表;确定这种尺度表的就是竞争。

你每小时的工作和我每小时的工作是不是等值?这是要由竞争来解决的问题。

据一个美国经济学家的意见,竞争决定着一个复杂劳动日中包含多少简单劳动日。把复杂劳动日化为简单劳动日,这是不是假定把简单劳动当做价值尺度呢?如果只把劳动量当做价值尺度而不问它的质量如何,那也就是假定简单劳动已经成为生产活动的枢纽。这就是假定：由于人隶属于机器或由于极端的分工，各种不同的劳动逐渐趋于一致；劳动把人置于次要地位；钟摆成了两个工人相对活动的精确的尺度，就象它是两个机车的速度的尺度一样。所以不应该说，某人的一个工时和另一个人的一个工时是等值的，更确切的说法是，某人在这一小时中和那个人在同一小时中是等值的。时间就是一切，人不算什么；人至多不过是时间的体现。现在已经不用再谈质量了。只有数量决定一切：时对时，天对天；但是这种劳动的平均化并不是蒲鲁东先生的永恒的公平；这不过是现代工业的一个事实。

在使用机器的企业中，这个工人的劳动和那个工人的劳动几乎没有什么差别；工人彼此间的区别，只是他们在劳动中所化的时间不等。但是从某种观点来看，这种量的差别也成了质的差别，因为用在劳动上的时间一方面是取决于纯粹物质方面的原因，例如生理的构造、年龄和性别；而另一方面却又取决于一些纯粹消极的精神上的原因，例如忍耐、镇静和勤恳。最后，如果说工人的劳动中有质的差别，那末这至多也不过是一种决不能作为特点的无足轻重的质。总之这就是现代工业的情况。而蒲鲁东先生却把他打算在"将来的时代"中普遍实现的"平均化"的刨子用到机器劳动中早已实现的这种平等上。

蒲鲁东先生从李嘉图学说中引伸出的一切"平等"的结论，是建立在一个根本谬误的基础上。他把用商品中所包含的劳动量来衡量的商品价值和用"劳动价值"来衡量的商品价值混为一谈。如果把这两种衡量商品价值的方法搅在一起，那末也就同样可以说，任何一种商品的相对价值都是由它本身所包含的劳动量来衡量的；或者说，商品的相对价值是由它可以购买的劳动量来衡量的；或者还可以说，商品的相对价值是由可以得到它的那种劳动量来衡量的。但是情况远不是这样。象任何其他的商品价值一样，劳动价值不能作为价值尺度。为了更清楚地说明上面这点，只要举几个例子就行了。

如果一个缪伊①的谷物在以前值一个劳动日，而现在值两个劳动日，这就是说它的价值要比原来增加一倍；但是这一个缪伊的谷物并不能起一倍劳动量的作用，因为它包含的养料和以前一样多。因此，由生产谷物使用的劳动量来衡量的谷物价值将增加一倍，但是用谷物能购买的劳动量或者可以用来购买谷物的劳动量来衡量的谷物价值，决不会增加一倍。另一方面，如果用同样的劳动生产了比以前多一倍的衣服，那末衣服的相对价值就会因此降低一半；但是即使如此，这种数量加倍的衣服支配一定劳动量的能力并不会降低一半，或者换句话说，同样的劳动并不能取得加倍数量的衣服；因为现在这一半数量的衣服对工人的效用和以前同样数量的衣服的效用完全一样。

因此，用劳动价值来确定商品的相对价值是和经济事实相抵触的。这是在循环论证中打转，这是用本身还需要确定的相对价值来确定相对价值。

毫无疑问，蒲鲁东先生是把以下两种衡量的方法混为一谈了：一种是用生产某种商品所必要的劳动时间来衡量，另一种是用劳动价值来衡量。他说："任何人的劳动都可以购买这种劳动

---

① 法国古代的容量名，用于量谷物时约合1800公升。——编者注

所包含的价值。"因此按照他的说法,产品中所包含的一定劳动量和劳动者的报酬是相等的,即和劳动价值是相等的。根据同样的理由,他把生产费用和工资也混为一谈了。

选自《马克思恩格斯全集》第 2 卷,北京:人民出版社 1958 年版,第 93—98 页。

第二项
卡·马克思
一
政治经济学批判

卡·马克思写于 1858 年 8 月—1859 年 1 月
1859 年在柏林出版
署名:卡尔·马克思

原文是德文

序言

我考察资产阶级经济制度是按照以下的次序:资本、土地所有制、雇佣劳动;国家、对外贸易、世界市场。在前三项下,我研究现代资产阶级社会分成的三大阶级的经济生活条件;其他三项的相互联系是一目了然的。第一册论述资本,其第一篇由下列各章组成：（1）商品，（2）货币或简单流通，（3）资本一般。前两章构成本分册的内容。我面前的全部材料都是专题论文，它们是在相隔很久的几个时期内写成的，目的不是为了付印，而是为了自己弄清问题，至于能否按照上述计划对它们进行系统整理，就要看环境如何了。

我把已经起草好的一篇总的导言压下了，因为仔细想来，我觉得预先说出正要证明的结论总是有妨害的，读者如果真想跟着我走，就要下定决心，从个别上升到一般。不过在这里倒不妨谈一下我自己研究政治经济学的经过。

我学的专业本来是法律，但我只是把它排在哲学和历史之次当作辅助学科来研究。1842—1843年间，我作为"莱茵报"的主编，第一次遇到要对所谓物质利益发表意见的难事。莱茵省议会关于林木盗窃和地产析分的讨论，当时的莱茵省总督冯·沙培尔先生就摩塞尔农民状况同"莱茵报"展开的官方论战，最后，关于自由贸易和保护关税的辩论，是促使我去研究经济问题的最初动因。另一方面，在善良的"前进"愿望大大超过实际知识的时候，在"莱茵报"上可以听到法国社会主义和共产主义的带着微弱哲学色彩的回声。我曾表示反对这种肤浅言论，但是同时在和"奥格斯堡总汇报"的一次争论中坦率承认，我以往的研究还不容许我对法兰西思潮的内容本身妄加评判。我倒非常乐意利用"莱茵报"发行人以为把报纸的态度放温和些就可以使那已经落在该报头上的死刑判决撤销的幻想，以便从社会舞台退回书房。

为了解决使我苦恼的疑问，我写的第一部著作是对黑格尔法哲学的批判性的分析，这部著作的导言曾发表在1844年巴黎出版的"德法年鉴"上。我的研究得出这样一个结果：法的关系正像国家的形式一样，既不能从它们本身来理解，也不能从所谓人类精神的一般发展来理解，相反，它们根源于物质的生活关系，这种物质的生活关系的总和，黑格尔按照十八世纪的英国人和法国人的先例，称之为"市民社会"，而对市民社会的解剖应该到政治经济学中去寻求。我在巴黎开始研究政治经济学，后来因基佐先生下令驱逐移居布鲁塞尔，在那里继续进行研究。我所得到的、并且一经得到就用于指导我的研究工作的总的结果，可以简要地表述如下：人们在自己生活的社会生产中发生一定的、必然的、不以他们的意志为转移的关系，即同他们的物质生产力的一定发展阶段相适合的生产关系。这些生产关系的总和构成社会的经济结构，即有法律的和政治的上层建筑竖立其上并有一定的社会意识形式与之相适应的现实基础。物质生活的生产方式制约着整个社会生活、政治生活和精神生活的过程。不是人们的意识决定人们的存在，相反，是人们的社会存在决定人们的意识。社会的物质生产力发展到一定阶段，便同它们一直在其中活动的现存生产关系或财产关系（这只是生产关系的法律用语）发生矛盾。于是这些关系便由生产力的发展形式变成生产力的桎梏。那时社会革命的时代就到来了。随着经济基础的变更，全部庞大的上层建筑也或慢或快地发生变革。在考察这些变革时，必须时刻把下面两者区别开来：一种是生产的经济条件方面所发生的物质的、可以用自然科学的精确性指明的变革，一种是人们借以意识到这个冲突并力求把它克服的那些法律的、政治的、宗教的、艺术的或哲学的，简言之，意识形态的形式。我们判断一个人不能以他对自己的看法为根据，同样，我们判断这样一个变革时代也不能以它的意识为根据，相反，这个意识必须从物质生活的矛盾中，从社会生产力和生产关系之间的现存冲突中去解释。无论哪一个社会形态，在它们所能容纳的全部生产力发挥出来以前，是决不会灭亡的；而新的更高的生产关系，在它存在的物质条件在旧社会的胎胞里成熟以前，是决不会出现的。所以人类始终只提出自己能够解决的任务，因为只要仔细考察就可以发现，任务本身，只有在解决它的物质条件已经存在或者至少是在形成过程中的时候，才会产生。大体说来，亚细亚的、古代的、封建的和现代资产阶级的生产方式可以看作是社会经济形态演进的几个时代。资产阶级的生产关系是社会生产过程的最后一个对抗形式，这里所说的对抗，不是指个人的对抗，而是指从个人的社会生活条件中生长出来的对抗；但是，在资产阶级社会的胎胞里发展的生产力，同时又创造着解决这种对抗的物质条件。因此，人类社会的史前时期就以这种社会形态而告终。

自从弗里德里希·恩格斯批判经济学范畴的天才大纲（在"德法年鉴"上）发表以后，我同他不断通讯交换意见，他从另一条道路（请参考他的"英国工人阶级状况"）得出同我一样的结果，当1845年春他也住在布鲁塞尔时，我们决定共同钻研我们的见解与德国哲学思想体系的见解之间的对立，实际上是把我们从前的哲学信仰清算一下。这个心愿是以批判黑格尔以后的哲学的形式来实现的。八开本两厚册的原稿早已送到威斯特伐里亚的出版所，后来我们才接到通知说，由于情况改变，不能付印。

既然我们已经达到了我们的主要目的——自己弄清问题，我们就情愿让原稿留给老鼠的牙齿去批判了。在我们当时从这方面或那方面向公众表达我们见解的各种著作中，我只提出我与恩格斯合著的"共产党宣言"和我自己发表的"关于自由贸易的演说"。我们见解中有决定意义的论点，在我的1847年出版的为反对蒲鲁东而写的著作"哲学的贫困"中第一次作了科学的、虽然只是论战性的表述。我用德文写的关于"雇佣劳动"一书，汇集了我在布鲁塞尔德意志工人协会上对于这个问题的讲演，这本书的印刷由于二月革命和我因此被迫离开比利时而中断。

1848年和1849年"新莱茵报"的出版以及随后发生的一些事变，打断了我的经济研究工作，到1850年我在伦敦才能重新进行这一工作。英国博物馆中堆积着政治经济学史的大量资料，伦敦对于考察资产阶级社会是一个方便的地点，最后，随着加利福尼亚和澳大利亚金矿的发现，资产阶级社会似乎踏进了新的发展阶段，这一切决定我再从头开始，用批判的精神来透彻地研究新的材料。这些研究一部分自然要涉及到似乎完全属于本题之外的学科，在这方面不得不多少费些时间。但是使我所能够支配的时间特别受到限制的，是谋生的迫切需要。八年来，我一直为第一流英美报纸"纽约每日论坛报"撰稿（写作真正的报纸通讯在我只是例外），这使我的研究工作必然时时间断。然而，由于评论英国和大陆突出经济事件的论文在我的投稿中占着很大部分，我不得不去熟悉政治经济科学本身范围以外的实际的细节。

我以上简短地叙述了自己在研究政治经济学方面的经过，这只是要证明，我的见解，不管人们对它怎样评论，不管它多么不合乎统治阶级的自私的偏见，却是多年诚实探讨的结果。但是在科学的入口处，正像在地狱的入口处一样，必须提出这样的要求：

"这里必须根绝一切犹豫；

这里任何怯懦都无济于事。"

卡尔·马克思
1859年1月于伦敦

选自《马克思恩格斯全集》第13卷，北京：人民出版社1962年版，第2—11页。

第三项
卡·马克思
弗·恩格斯的小册子"社会主义从空想到科学的发展"法文版导言

这本小册子中所包含的几页早先曾作为三篇论文发表在"社会主义评论"上，它们是从恩格斯最近的著作"科学中的变革"中抽出来译成法文的。

弗里德里希·恩格斯是现代社会主义最杰出的代表人物之一，他在1844年就以他首先发表在马克思和卢格在巴黎出版的

"德法年鉴"上的"政治经济学批判大纲"引起了注意。"大纲"中已经表述了科学社会主义的某些一般原则。在曼彻斯特（当时恩格斯住在那里），他用德文写了"英国工人阶级状况"（1845），这是一部重要的著作，其意义由马克思在"资本论"中作了充分的估价。在他第一次旅居英国以及后来旅居布鲁塞尔的时候，他是社会主义运动的正式机关报"北极星报"和罗伯特·欧文的"新道德世界"报的撰稿人。

在他旅居布鲁塞尔时，他和马克思建立了德国工人共产主义俱乐部，这个俱乐部同佛来米和瓦隆的俱乐部保持了联系。他们两人和伯恩施太德一起创办了"德意志—布鲁塞尔报"。应正义者同盟设在伦敦的德国委员会的邀请，他们参加了这个由卡尔·沙佩尔在1839年因参加布朗基的密谋而不得不从法国逃出以后所创立的组织。从那时起，同盟就放弃了秘密组织的普通形式，变成国际性的共产主义者同盟了。但是在当时的情况下，同盟还必需对各国政府保持秘密。1847年，在同盟在伦敦召开的国际代表大会上，马克思和恩格斯被委托起草"共产党宣言"，"宣言"在二月革命前不久出版，并且几乎立即被翻译成欧洲的一切文字。

同年，马克思和恩格斯致力于建立布鲁塞尔民主协会的工作，这是一个公开的和国际性的组织，参加这个组织的有资产阶级激进派和社会主义工人的代表人物。

二月革命后，恩格斯成了"新莱茵报"的编辑之一，这家报纸是由马克思在科伦创办的，于1849年5月被普鲁士政府禁止。恩格斯参加爱北斐特起义以后，作为志愿部队指挥官维利希的副官完成了反对普鲁士人的巴登进军（1849年6—7月）。

1850年，他在伦敦做"新莱茵报。政治经济评论"的撰稿人，这个刊物是由马克思出版并在汉堡刊印的。恩格斯在上面发表了"德国农民战争"，19年后在莱比锡印成小册子出版并连续出了三版。

在德国的社会主义运动重新活跃起来以后，恩格斯做了"人民国家报"和"前进报"的撰稿人；这两家报纸所发表的最重要的论文都是他写的，其中大部分都印成了小册子："论俄国社会问题"、"德意志帝国国会中的普鲁士烧酒"、"论住宅问题"、"行动中的巴枯宁主义者"等等。

1870年恩格斯从曼彻斯特迁居伦敦以后，参加了国际总委员会；他被委托负责同西班牙、葡萄牙和意大利联系。

他寄给"前进报"并讽刺地题为"欧根·杜林先生在科学中实行的变革"的最近的一组论文，是对杜林先生关于科学、特别是关于社会主义的所谓新理论的驳斥。这些论文已经集印成书并且在德国社会党人中获得了巨大的成功。在这本小册子中我们摘录了这本书的理论部分中最重要的部分；这一部分可以说是科学社会主义的入门。

选自《马克思恩格斯全集》第19卷，北京：人民出版社1963年版，第259—263页。

第四项
卡·马克思

资 本 论
政治经济学批判

第一卷
第一册：资本的生产过程
第一篇
商品和货币

第一章
商品

4. 商品的拜物教性质及其秘密

最初一看，商品好象是一种很简单很平凡的东西。对商品的分析表明，它却是一种很古怪的东西，充满形而上学的微妙和神学的怪诞。商品就它是使用价值来说，不论从它靠自己的属性来满足人的需要这个角度来考察，或者从它作为人类劳动的产品才具有这些属性这个角度来考察，都没有什么神秘的地方。很明显,人通过自己的活动按照对自己有用的方式来改变自然物质的形态。例如,用木头做桌子,木头的形状就改变了。可是桌子还是木头,还是一个普通的可以感觉的物。但是桌子一旦作为商品出现,就变成一个可感觉而又超感觉的物。它不仅用它的脚站在地上,而且在对其他一切商品的关系上用头倒立着,从它的木脑袋里生出比它自动跳舞还奇怪得多的狂想。

可见,商品的神秘性质不是来源于商品的使用价值。这种神秘性质也不是来源于价值规定的内容。因为,第一,不管有用劳动或生产活动怎样不同,它们都是人体的机能,而每一种这样的机能不管内容和形式如何,实质上都是人的脑、神经、肌肉、感官等等的耗费。这是一个生理学上的真理。第二,说到作为决定价值量的基础的东西,即这种耗费的持续时间或劳动量,那末,劳动的量可以十分明显地同劳动的质区别开来。在一切社会状态下,人们对生产生活资料所耗费的劳动时间必然是关心的,虽然在不同的发展阶段上关心的程度不同。① 最后,一旦人们以某种方式彼此为对方劳动,他们的劳动也就取得社会的形式。

可是,劳动产品一采取商品形式就具有的谜一般的性质究竟是从哪里来的呢?显然是从这种形式本身来的。人类劳动的等同性,取得了劳动产品的等同的价值对象性这种物的形式;用劳动

---

① 第2版注:在古日耳曼人中,一摩尔根土地的面积是按一天的劳动来计算的。因此,摩尔根又叫作 Tagwerk [一日的工作] (或 Tagwanne) (jurnale 或 jurnalis, terra jurralis, jornalis 或 diurnalis),Mannwerk [一人的工作],Mannskraft [一人的力量],Mannsmaad, Mannshauet [一人的收割量] 等等。见格奥尔格·路德维希·冯·毛勒《马尔克制度、农户制度、乡村制度和城市制度以及公共政权的历史概论》1854 年慕尼黑版第 129 页及以下几页。

的持续时间来计量的人类劳动力的耗费,取得了劳动产品的价值量的形式;最后,劳动的那些社会规定借以实现的生产者的关系,取得了劳动产品的社会关系的形式。

可见,商品形式的奥秘不过在于:商品形式在人们面前把人们本身劳动的社会性质反映成劳动产品本身的物的性质,反映成这些物的天然的社会属性,从而把生产者同总劳动的社会关系反映成存在于生产者之外的物与物之间的社会关系。由于这种转换,劳动产品成了商品,成了可感觉而又超感觉的物或社会的物。正如一物在视神经中留下的光的印象,不是表现为视神经本身的主观兴奋,而是表现为眼睛外面的物的客观形式。但是在视觉活动中,光确实从一物射到另一物,即从外界对象射入眼睛。这是物理的物之间的物理关系。相反,商品形式和它借以得到表现的劳动产品的价值关系,是同劳动产品的物理性质以及由此产生的物的关系完全无关的。这只是人们自己的一定的社会关系,但它在人们面前采取了物与物的关系的虚幻形式。因此,要找一个比喻,我们就得逃到宗教世界的幻境中去。在那里,人脑的产物表现为赋有生命的、彼此发生关系并同人发生关系的独立存在的东西。在商品世界里,人手的产物也是这样。我把这叫做拜物教。劳动产品一旦作为商品来生产,就带上拜物教性质,因此拜物教是同商品生产分不开的。

商品世界的这种拜物教性质,像以上分析已经表明的,是来源于生产商品的劳动所特有的社会性质。

使用物品成为商品,只是因为它们是彼此独立进行的私人劳动的产品。这种私人劳动的总和形成社会总劳动。由于生产者只有通过交换他们的劳动产品才发生社会接触,因此,他们的私人劳动的特殊的社会性质也只有在这种交换中才表现出来。换句话说，私人劳动在事实上证实为社会总劳动的一部分，只是由于交换使劳动产品之间、从而使生产者之间发生了关系。因此，在生产者面前，他们的私人劳动的社会关系就表现为现在这个样子，就是说，不是表现为人们在自己劳动中的直接的社会关系，而是表现为人们之间的物的关系和物之间的社会关系。

劳动产品只是在它们的交换中，才取得一种社会等同的价值对象性，这种对象性是与它们的感觉上各不相同的使用对象性相分离的。劳动产品分裂为有用物和价值物，实际上只是发生在交换已经十分广泛和十分重要的时候，那时有用物是为了交换而生产的，因而物的价值性质还在生产时就被注意到了。从那时起，生产者的私人劳动真正取得了二重的社会性质。一方面，生产者的私人劳动必须作为一定的有用劳动来满足一定的社会需要，从而证明它们是总劳动的一部分，是自然形成的社会分工体系的一部分。另一方面，只有在每一种特殊的有用的私人劳动可以同任何另一种有用的私人劳动相交换从而相等时，生产者的私人劳动才能满足生产者本人的多种需要。完全不同的劳动所以能够相等，只是因为它们的实际差别已被抽去，它们已被化成它们作为人类劳动力的耗费、作为抽象的人类劳动所具有的共同性质。私人生产者的头脑把他们的私人劳动的这种二重的社会性质，只是反映在从实际交易、产品交换中表现出来的那些形式中，也就是把他们的私人劳动的社会有用性，反映在劳动产品必须有用，而且是对别人有用的形式中；把不同种劳动的相等这种社会性质，反映在这些在物质上不同的物即劳动产品具有共同的价值性质的形式中。

可见，人们使他们的劳动产品彼此当作价值发生关系，不是因为在他们看来这些物只是同种的人类劳动的物质外壳。恰恰相反，他们在交换中使他们的各种产品作为价值彼此相等，也就使他们的各种劳动作为人类劳动而彼此相等。他们没有意识到这一点，但是他们这样做了。① 价值没有在额上写明它是什么。不仅如此，价值还把每个劳动产品变成社会的象形文字。后来，人们竭力要猜出这种象形文字的涵义，要了解他们自己的社会产品的秘密，因为使用物品当作价值，正象语言一样，是人们的社会产物。后来科学发现，劳动产品作为价值，只是生产它们时所耗费的人类劳动的物的表现，这一发现在人类发展史上划了一个时代，但它决没有消除劳动的社会性质的物的外观。彼此独立的私人劳动的特殊的社会性质表现为它们作为人类劳动而彼此相等，并且采取劳动产品的价值性质的形式——商品生产这种特殊生产形式所独具的这种特点，在受商品生产关系束缚的人们看来，无论在上述发现以前或以后，都是永远不变的，正象空气形态在科学把空气分解为各种元素之后，仍然作为一种物理的物态继续存在一样。

产品交换者实际关心的问题，首先是他用自己的产品能换取多少别人的产品，就是说，产品按什么样的比例交换。当这些比例由于习惯而逐渐达到一定的稳固性时，它们就好象是由劳动产品的本性产生的。例如，1 吨铁和 2 盎斯金的价值相等，就象 1 磅金和 1 磅铁虽然有不同的物理属性和化学属性，但是重量相等

---

① 第2版注：因此，当加利阿尼说价值是人和人之间的一种关系时，他还应当补充一句：这是被物的外壳掩盖着的关系。（加利阿尼《货币论》，载于库斯托第编《意大利政治经济学名家文集》现代部分，1803 年米兰版第 3 卷第 221 页。）

一样。实际上，劳动产品的价值性质，只是通过劳动产品作为价值量发生作用才确定下来。价值量不以交换者的意志、设想和活动为转移而不断地变动着。在交换者看来，他们本身的社会运动具有物的运动形式。不是他们控制这一运动，而是他们受这一运动控制。要有十分发达的商品生产，才能从经验本身得出科学的认识，理解到彼此独立进行的、但作为自然形成的社会分工部分而互相全面依赖的私人劳动，不断地被化为它们的社会的比例尺度，这是因为在私人劳动产品的偶然的不断变动的交换关系中，生产这些产品的社会必要劳动时间作为起调节作用的自然规律强制地为自己开辟道路，就象房屋倒在人的头上时重力定律强制地为自己开辟道路一样。① 因此，价值量由劳动时间决定是一个隐藏在商品相对价值的表面运动后面的秘密。这个秘密的发现，消除了劳动产品的价值量纯粹是偶然决定的这种假象，但是决没有消除价值量的决定所采取的物的形式。

对人类生活形式的思索，从而对它的科学分析，总是采取同实际发展相反的道路。这种思索是从事后开始的，就是说，是从发展过程的完成的结果开始的。给劳动产品打上商品烙印、因而成为商品流通的前提的那些形式，在人们试图了解它们的内容而不是了解它们的历史性质（人们已经把这些形式看成是不变的了）以前，就已经取得了社会生活的自然形式的固定性。因此，只有商品价格的分析才导致价值量的决定，只有商品共同的货币

---

① "我们应该怎样理解这个只有通过周期性的革命才能为自己开辟道路的规律呢？这是一个以当事人的无意识活动为基础的自然规律。"（弗里德里希·恩格斯《政治经济学批判大纲》，载于阿尔诺德·卢格和卡尔·马克思编的《德法年鉴》1844年巴黎版）。

表现才导致商品的价值性质的确定。但是，正是商品世界的这个完成的形式——货币形式，用物的形式掩盖了私人劳动的社会性质以及私人劳动者的社会关系，而不是把它们揭示出来。如果我说，上衣、皮靴等等把麻布当作抽象的人类劳动的一般化身而同它发生关系，这种说法的荒谬是一目了然的。但是当上衣、皮靴等等的生产者使这些商品同作为一般等价物的麻布（或者金银，这丝毫不改变问题的性质）发生关系时，他们的私人劳动同社会总劳动的关系正是通过这种荒谬形式呈现在他们面前。

这种种形式恰好形成资产阶级经济学的各种范畴。对于这个历史上一定的社会生产方式即商品生产的生产关系来说，这些范畴是有社会效力的、因而是客观的思维形式。因此，一旦我们逃到其他的生产形式中去，商品世界的全部神秘性，在商品生产的基础上笼罩着劳动产品的一切魔法妖术，就立刻消失了。

既然政治经济学喜欢鲁滨逊的故事①，那末就先来看看孤岛上的鲁滨逊吧。不管他生来怎样简朴，他终究要满足各种需要，因而要从事各种有用劳动，如做工具，制家具，养羊驼，捕鱼，打猎等等。关于祈祷一类事情我们在这里就不谈了，因为我们的鲁滨逊从中得到快乐，他把这类活动当作休息。尽管他的生产职能是不同的，但是他知道，这只是同一个鲁滨逊的不同的活动形式，因而只是人类劳动的不同方式。需要本身迫使他精确地分配

---

① 第2版注：甚至李嘉图也离不开他的鲁滨逊故事。"他让原始的渔夫和原始的猎人一下子就以商品占有者的身分，按照物化在鱼和野味的交换价值中的劳动时间的比例交换鱼和野味。在这里他犯了时代错误，他竟让原始的渔夫和猎人在计算他们的劳动工具时去查看1817年伦敦交易所通用的年息表。看来，除了资产阶级社会形式外，'欧文先生的平行四边形'是他所知道的惟一的社会形式。"（卡尔·马克思《政治经济学批判》第38、39页）

自己执行各种职能的时间。在他的全部活动中，这种或那种职能所占比重的大小，取决于他为取得预期效果所要克服的困难的大小。经验告诉他这些，而我们这位从破船上抢救出表、账簿、墨水和笔的鲁滨逊，马上就作为一个道地的英国人开始记起账来。他的账本记载着他所有的各种使用物品，生产这些物品所必需的各种活动，最后还记载着他制造这种种一定量的产品平均耗费的劳动时间。鲁滨逊和构成他自己创造的财富的物之间的全部关系在这里是如此简单明了，甚至连麦·维尔特先生用不着费什么脑筋也能了解。但是，价值的一切本质上的规定都包含在这里了。

现在，让我们离开鲁滨逊的明朗的孤岛，转到欧洲昏暗的中世纪去吧。在这里，我们看到的，不再是一个独立的人了，人都是互相依赖的：农奴和领主，陪臣和诸侯，俗人和牧师。物质生产的社会关系以及建立在这种生产的基础上的生活领域，都是以人身依附为特征的。但是正因为人身依附关系构成该社会的基础，劳动和产品也就用不着采取与它们的实际存在不同的虚幻形式。它们作为劳役和实物贡赋而进入社会机构之中。在这里，劳动的自然形式，劳动的特殊性是劳动的直接社会形式，而不是象在商品生产基础上那样，劳动的共性是劳动的直接社会形式。徭役劳动同生产商品的劳动一样，是用时间来计量的，但是每一个农奴都知道，他为主人服役而耗费的，是他本人的一定量的劳动力。缴纳给牧师的什一税，是比牧师的祝福更加清楚的。所以，无论我们怎样判断中世纪人们在相互关系中所扮演的角色，人们在劳动中的社会关系始终表现为他们本身之间的个人的关系，而没有披上物之间即劳动产品之间的社会关系的外衣。

要考察共同的劳动即直接社会化的劳动，我们没有必要回溯到一切文明民族的历史初期都有过的这种劳动的原始的形式。①这里有个更近的例子，就是农民家庭为了自身的需要而生产粮食、牲畜、纱、麻布、衣服等等的那种农村家长制生产。对于这个家庭来说，这种种不同的物都是它的家庭劳动的不同产品，但它们不是互相作为商品发生关系。生产这些产品的种种不同的劳动，如耕、牧、纺、织、缝等等，在其自然形式上就是社会职能，因为这是这样一个家庭的职能，这个家庭就象商品生产一样，有它本身的自然形成的分工。家庭内的分工和家庭各个成员的劳动时间，是由性别年龄上的差异以及随季节而改变的劳动的自然条件来调节的。但是，用时间来计量的个人劳动力的耗费，在这里本来就表现为劳动本身的社会规定，因为个人劳动力本来就只是作为家庭共同劳动力的器官而发挥作用的。

最后，让我们换一个方面，设想有一个自由人联合体，他们用公共的生产资料进行劳动，并且自觉地把他们许多个人劳动力当作一个社会劳动力来使用。在那里，鲁滨逊的劳动的一切规定又重演了，不过不是在个人身上，而是在社会范围内重演。鲁滨逊的一切产品只是他个人的产品，因而直接是他的使用物品。这个联合体的总产品是社会的产品。这些产品的一部分重新用作生

---

① 第2版注："近来流传着一种可笑的偏见，认为原始的公有制的形式是斯拉夫族特有的形式，甚至只是俄罗斯的形式。这种原始形式我们在罗马人、日耳曼人、克尔特人那里都可以见到，直到现在我们还能在印度人那里遇到这种形式的一整套图样，虽然其中一部分只留下残迹了。仔细研究一下亚细亚的、尤其是印度的公有制形式，就会证明，从原始的公有制的不同形式中，怎样产生出它的解体的各种形式。例如，罗马和日耳曼的私有制的各种原型，就可以从印度的公有制的各种形式中推出来。"（卡尔·马克思《政治经济学批判》第10页）

产资料。这一部分依旧是社会的。而另一部分则作为生活资料由联合体成员消费。因此，这一部分要在他们之间进行分配。这种分配的方式会随着社会生产机体本身的特殊方式和随着生产者的相应的历史发展程度而改变。仅仅为了同商品生产进行对比，我们假定，每个生产者在生活资料中得到的份额是由他的劳动时间决定的。这样，劳动时间就会起双重作用。劳动时间的社会的有计划的分配，调节着各种劳动职能同各种需要的适当的比例。另一方面，劳动时间又是计量生产者个人在共同劳动中所占份额的尺度，因而也是计量生产者个人在共同产品的个人消费部分中所占份额的尺度。在那里，人们同他们的劳动和劳动产品的社会关系，无论在生产上还是在分配上，都是简单明了的。

在商品生产者的社会里，一般的社会生产关系是这样的：生产者把他们的产品当作商品，从而当作价值来对待，而且通过这种物的形式，把他们的私人劳动当作等同的人类劳动来互相发生关系。对于这种社会来说，崇拜抽象人的基督教，特别是资产阶级发展阶段的基督教，如新教、自然神教等等，是最适当的宗教形式。在古亚细亚的、古希腊罗马的等等生产方式下，产品变为商品、从而人作为商品生产者而存在的现象，处于从属地位，但是共同体越是走向没落阶段，这种现象就越是重要。真正的商业民族只存在于古代世界的空隙中，就象伊壁鸠鲁的神只存在于世界的空隙中，或者犹太人只存在于波兰社会的缝隙中一样。这些古老的社会生产机体比资产阶级的社会生产机体简单明了得多，但它们或者以个人尚未成熟，尚未脱掉同其他人的自然血缘联系的脐带为基础，或者以直接的统治和服从的关系为基础。它们存在的条件是：劳动生产力处于低级发展阶段，与此相应，人们在物质生活生产过程内部的关系，即他们彼此之间以及他们同自然之间的关系是很狭隘的。这种实际的狭隘性，观念地反映在古代的自然宗教和民间宗教中。只有当实际日常生活的关系，在人们面前表现为人与人之间和人与自然之间极明白而合理的关系的时候，现实世界的宗教反映才会消失。只有当社会生活过程即物质生产过程的形态，作为自由结合的人的产物，处于人的有意识有计划的控制之下的时候，它才会把自己的神秘的纱幕揭掉。但是，这需要有一定的社会物质基础或一系列物质生存条件，而这些条件本身又是长期的、痛苦的历史发展的自然产物。

诚然，政治经济学曾经分析了价值和价值量（虽然不充分①），

---

① 李嘉图对价值量的分析并不充分，——但已是最好的分析，——这一点人们将在本书第三册和第四册中看到。至于价值本身，古典政治经济学在任何地方也没有明确地和十分有意识地把体现为价值的劳动同体现为产品使用价值的劳动区分开。当然，古典政治经济学事实上是作了这种区分的，因为它有时从量的方面，有时从质的方面来考察劳动。但是，它从来没有意识到，各种劳动的纯粹量的差别是以它们的质的统一或等同为前提的，因而是以它们化为抽象人类劳动为前提的。例如，李嘉图就曾表示他同意德斯杜特·德·特拉西的说法。德斯杜特说："很清楚，我们的体力和智力是我们唯一的原始的财富，因此，这些能力的运用，某种劳动，是我们的原始的财宝；凡是我们称为财富的东西，总是由这些能力的运用创造出来的……此外，这一切东西确实只代表创造它们的劳动，如果它们有价值，或者甚至有两种不同的价值，那也只能来源于创造它们的劳动的价值。"（李嘉图《政治经济学原理》1821 年伦敦第 3 版第 334 页）我们只指出，李嘉图在德斯杜特的话中塞进了自己的更加深刻的思想。一方面，德斯杜特确实说过，凡是构成财富的东西都"代表创造它们的劳动"。但是另一方面，他又说，这一切东西的"两种不同的价值"（使用价值和交换价值）来自"劳动的价值"。这样，他就陷入庸俗经济学的平庸浅薄之中。庸俗经济学先假设一种商品（在这里是指劳动）的价值，然后再用这种价值去决定其他商品的价值。而李嘉图却把德斯杜特的话读作：劳动（而不是劳动的价值）既表现为使用价值，也表现为交换价值。不过他自己也不善于区别具有二重表现的劳动的二重性质，以致在关于《价值和财富，它们的不同性质》这整整一章中，不得不让·巴·萨伊这个人的庸俗见解苦苦纠缠。因此，最后他不禁愣住了：在劳动是价值的源泉这一点上，德斯杜特虽然同他是一致的，可是另一方面，在价值概念上，德斯杜特却同萨伊是一致的。

揭示了这些形式所掩盖的内容。但它甚至从来也没有提出过这样的问题：为什么这一内容要采取这种形式呢？为什么劳动表现为价值，用劳动时间计算的劳动量表现为劳动产品的价值量呢？① 一些公式本来在额上写着，它们是属于生产过程支配人而人还没有支配生产过程的那种社会形态的，但在政治经济学的资产阶级意识中，它们竟象生产劳动本身一样，成了不言而喻的自然必然性。因此，政治经济学对待资产阶级以前的社会生产有机体形式，就像教父对待基督教以前的

---

① 古典政治经济学的根本缺点之一，就是它从来没有从商品的分析，特别是商品价值的分析中，发现那种正是使价值成为交换价值的价值形式。恰恰是古典政治经济学的最优秀的代表人物，象亚·斯密和李嘉图，把价值形式看成一种完全无关紧要的东西或在商品本性之外存在的东西。这不仅仅因为价值量的分析把他们的注意力完全吸引住了。还有更深刻的原因。劳动产品的价值形式是资产阶级生产方式的最抽象的、但也是最一般的形式，这就使资产阶级生产方式成为一种特殊的社会生产类型，因而同时具有历史的特征。因此，如果把资产阶级生产方式误认为是社会生产的永恒的自然形式，那就必然会忽略价值形式的特殊性，从而忽略商品形式及其进一步发展——货币形式、资本形式等等的特殊性。因此，我们发现，在那些完全同意用劳动时间来计算价值量的经济学家中间，对于货币即一般等价物的完成形态的看法是极为混乱和矛盾的。例如，在考察银行业时，这一点表现得特别明显，因为在这里关于货币的通常的定义已经不够用了。于是，与此相对立的，出现了复兴的重商主义体系（加尼耳等人），这一体系在价值中只看到社会形式，或者更确切地说，只看到这种社会形式的没有实体的外观。——在这里，我断然指出，我所说的古典政治经济学，是指从威·配第以来的一切这样的经济学，这种经济学与庸俗经济学相反，研究了资产阶级生产关系的内部联系。而庸俗经济学却只是在表面的联系内兜圈子，它为了对可以说是最粗浅的现象作出似是而非的解释，为了适应资产阶级的日常需要，一再反复咀嚼科学的经济学早就提供的材料。在其他方面，庸俗经济学则只限于把资产阶级生产当事人关于他们自己的最美好世界的陈腐而自负的看法加以系统化，赋以学究气味，并且宣布为永恒的真理。

宗教一样。①

商品世界具有的拜物教性质或劳动的社会规定所具有的物的外观，怎样使一部分经济学家受到迷惑，也可以从关于自然在交换价值的形成中的作用所进行的枯燥无味的争论中得到证明。既然交换价值是表示消耗在物上的劳动的一定社会方式，它就象汇率一样并不包含自然物质。

由于商品形式是资产阶级生产的最一般的和最不发达的形式（所以它早就出现了，虽然不象今天这样是统治的、从而是典型

---

① "经济学家们的论证方式是非常奇怪的。他们认为只有两种制度：一种是人为的，一种是天然的。封建制度是人为的，资产阶级制度是天然的。在这方面，经济学家很象那些把宗教也分为两类的神学家。一切异教都是人们臆造的，而他们自己的宗教则是神的启示。——于是，以前是有历史的，现在再也没有历史了。"（卡尔·马克思《哲学的贫困。答蒲鲁东先生的〈贫困的哲学〉》1847年版第113页）巴师夏先生认为古代希腊人和罗马人专靠掠夺为生，这真是滑稽可笑。如果人们几百年都靠掠夺为生，那就得经常有可供掠夺的东西，或者说，被掠夺的对象应当不断地被再生产出来。可见，希腊人和罗马人看来也要有某种生产过程，从而有某种经济，这种经济构成他们的世界的物质基础，就象资产阶级经济构成现今世界的物质基础一样。也许巴师夏的意思是说，建立在奴隶劳动上的生产方式是以某种掠夺制度为基础吧？如果是这样，他就处于危险的境地了。既然象亚里士多德那样的思想巨人在评价奴隶劳动时都难免发生错误，那末，像巴师夏这样的经济学侏儒在评价雇佣劳动时怎么会正确无误呢？——借这个机会，我要简短地回答一下美国一家德文报纸在我的《政治经济学批判》一书出版时（1859年）对我的指责。在那本书中我曾经说过，一定的生产方式以及与它相适应的生产关系，简言之，"社会的经济结构，是有法律的和政治的上层建筑竖立其上并有一定的社会意识形式与之相适应的现实基础"，"物质生活的生产方式制约着整个社会生活、政治生活和精神生活的过程"。可是据上述报纸说，这一切提法固然适用于物质利益占统治地位的现今世界，但却不适用于天主教占统治地位的中世纪，也不适用于政治占统治地位的雅典和罗马。首先，居然有人以为这些关于中世纪和古代世界的人所共知的老生常谈还会有人不知道，这真是令人惊奇。但有一点很清楚，中世纪不能靠天主教生活，古代世界不能靠政治生活。相反，这两个时代谋生的方式和方法表明，为什么在古代世界政治起着主要作用，而在中世纪天主教起着主要作用。此外，例如只要对罗马共和国的历史稍微有点了解，就会知道，地产的历史构成罗马共和国的秘史。而从另一方面说，唐·吉诃德误认为游侠生活可以同任何社会经济形式并存，结果遭到了惩罚。

的形式），因而，它的拜物教性质显得还比较容易看穿。但是在比较具体的形式中，连这种简单性的外观也消失了。货币主义的幻觉是从哪里来的呢？是由于货币主义没有看出：金银作为货币代表一种社会生产关系，不过采取了一种具有奇特的社会属性的自然物的形式。而蔑视货币主义的现代经济学，当它考察资本，它的拜物教不是也很明显吗？认为地租是由土地而不是由社会产生的重农主义幻觉，又破灭了多久呢？

为了不致涉及以后的问题，这里仅仅再举一个关于商品形式本身的例子。假如商品能说话，它们会说：我们的使用价值也许使人们感到兴趣。作为物，我们没有使用价值。作为物，我们具有的是我们的价值。我们自己作为商品物进行的交易就证明了这一点。我们彼此只是作为交换价值发生关系。现在，让我们听听经济学家是怎样说出商品内心的话的：

"价值〈交换价值〉是物的属性，财富〈使用价值〉是人的属性。从这个意义上说，价值必然包含交换，财富则不然。"①"财富〈使用价值〉是人的属性，价值是商品的属性。人或共同体是富的；珍珠或金刚石是有价值的……"珍珠或金刚石作为珍珠或金刚石是有价值的。②

直到现在，还没有一个化学家在珍珠或金刚石中发现交换价值。可是那些自命有深刻的批判力、发现了这种化学物质的经济学家，却发现物的使用价值同它们的物质属性无关，而它们的价值倒是它们作为物所具有的。在这里为他们作证的是这样一种奇

---

① 《评政治经济学上若干用语的争论，特别是有关价值、供求的争论》1821年伦敦版第16页。

② 赛·贝利《对价值的本质、尺度和原因的批判研究》第165页及以下几页。

怪的情况：物的使用价值对于人来说没有交换就能实现，就是说，在物和人的直接关系中就能实现；相反，物的价值则只能在交换中实现，就是说，只能在一种社会的过程中实现。在这里，我们不禁想起善良的道勃雷，他教导巡丁西可尔说：

"一个人长得漂亮是环境造成的，会写字念书才是天生的本领"。①

选自《马克思恩格斯全集》第 23 卷，北京：人民出版社 1972 年版，第 88—102 页。

第二篇
货币转化为资本

第四章
货币转化为资本

1. 资本的总公式

商品流通是资本的起点。商品生产和发达的商品流通，即贸

---

① 《评政治经济学上若干用语的争论》一书的作者和赛·贝利责备李嘉图，说他把交换价值从一种只是相对的东西转化为一种绝对的东西。恰恰相反，李嘉图是把金刚石、珍珠这种物在作为交换价值时所具有的表面的相对性，还原为这种外表所掩盖的真实关系，还原为它们作为人类劳动的单纯表现的相对性。如果说李嘉图主义者对贝利的答复既粗浅而又缺乏说服力，那只是因为他们在李嘉图本人那里找不到关于价值和价值形式即交换价值之间的内部联系的任何说明。

易，是资本产生的历史前提。世界贸易和世界市场在16世纪揭开了资本的现代生活史。

如果撇开商品流通的物质内容，撇开各种使用价值的交换，只考察这一过程所造成的经济形式，我们就会发现，货币是这一过程的最后产物。商品流通的这个最后产物是资本的最初的表现形式。

资本在历史上起初到处是以货币形式，作为货币财产，作为商人资本和高利贷资本，与地产相对立。① 然而，为了认识货币是资本的最初的表现形式，不必回顾资本产生的历史。这个历史每天都在我们眼前重演。现在每一个新资本最初仍然是作为货币出现在舞台上，也就是出现在市场上——商品市场、劳动市场或货币市场上，经过一定的过程，这个货币就转化为资本。

作为货币的货币和作为资本的货币的区别，首先只是在于它们具有不同的流通形式。

商品流通的直接形式是 W—G—W，商品转化为货币，货币再转化为商品，为买而卖。但除这一形式外，我们还看到具有不同特点的另一形式 G—W—G，货币转化为商品，商品再转化为货币，为卖而买。在运动中通过后一种流通的货币转化为资本，成为资本，而且按它的使命来说，已经是资本。

现在我们较仔细地研究一下 G—W—G 这个流通。和简单商品流通一样，它也经过两个对立阶段。在第一阶段 G—W（买）上，货币转化为商品。在第二阶段 W—G（卖）上，商品再转化为货币。这两个阶段的统一是一个总运动：货币和商品交换，同

---

① 以人身的奴役关系和统治关系为基础的地产权力和非人身的货币权力之间的对立，可以用两句法国谚语明白表示出来："没有一块土地没有地主"，"货币没有主人"。

一商品再和货币交换，即为卖商品而买商品；如果不管买和卖的形式上的区别，那就是用货币购买商品，又用商品购买货币。①整个过程的结果，是货币和货币交换，G—G。假如我用100镑买进2000磅棉花，然后又把这2000磅棉花按110镑卖出，结果我就是用100镑交换110镑，用货币交换货币。

很清楚，假如G—W—G这个流通过程只是兜个圈子，是同样大的货币价值相交换，比如说，100镑和100镑交换，那么这个流通过程就是荒唐的、毫无内容的了。货币贮藏者的办法倒是无比地简单，无比地牢靠，他把100镑贮藏起来，不让它去冒流通中的风险。另一方面，不论商人把他用100镑买来的棉花卖110镑，还是100镑，甚至只是50镑，他的货币总是经过一种独特和新奇的运动，这种运动根本不同于货币在简单商品流通中的运动，例如在农民手中的运动——出售谷物，又用卖得的货币购买衣服。因此，首先我们应该说明G—W—G和W—G—W这两种循环的形式上的区别。这样，隐藏在这种形式上的区别后面的内容上的区别同时也就暴露出来。

我们先来看一下这两种形式的共同点。

这两种循环都分成同样两个对立阶段：W—G（卖）和G—W（买）。在其中每一个阶段上，都是同样的两个物的要素即商品和货币互相对立，都是扮演同样两种经济角色的两个人即买者和卖者互相对立。这两个循环的每一个都是同样两个对立阶段的统一，这种统一在这两种情形下都是通过三个契约当事人的登场

---

① "人们用货币购买商品，用商品购买货币。"（梅尔西埃·德拉里维耶尔《政治社会天然固有的秩序》第543页）

而实现的：一个只是卖，一个只是买，一个既买又卖。

但是，W—G—W 和 G—W—G 这两个循环从一开始就不同，是由于同样两个对立的流通阶段具有相反的次序。简单商品流通以卖开始，以买结束；作为资本的货币的流通以买开始，以卖结束。作为运动的起点和终点的，在前一场合是商品，在后一场合是货币。在整个过程中起中介作用的，在前一形式是货币，在后一形式是商品。

在 W—G—W 这个流通中，货币最后转化为充当使用价值的商品。于是，货币就最终花掉了。而在 G—W—G 这个相反的形式中，买者支出货币，却是为了作为卖者收入货币。他购买商品，把货币投入流通，是为了通过出卖这同一商品，从流通中再取回货币。他拿出货币时，就蓄意要重新得到它。因此，货币只是被预付出去。①

在 W—G—W 形式中，同一块货币两次变换位置。卖者从买者那里得到货币，又把它付给另一个卖者。整个过程以交出商品收入货币开始，以交出货币得到商品告终。在 G—W—G 形式中，情形则相反。在这里，两次变换位置的，不是同一块货币，而是同一件商品。买者从卖者手里得到商品，又把商品交到另一个买者手里。在简单商品流通中，同一块货币的两次变换位置，使货币从一个人手里最终转到另一个人手里；而在这里，同一件商品的两次变换位置，则使货币又流回到它最初的起点。

---

① "如果购买一物是为了再卖出去，这样用掉的钱叫作预付货币；如果购买一物不是为了再卖出去，这样用掉的钱可以说是花掉了。"（《詹·斯图亚特著作集》，由其子詹姆斯·斯图亚特爵士将军汇编，1805 年伦敦版第 1 卷第 274 页）

货币流回到它的起点同商品是否贱买贵卖没有关系。后者只影响流回的货币额的大小。只要买进的商品再被卖掉，就是说，只要 G—W—G 的循环全部完成，就发生货币流回的现象。可见，作为资本的货币的流通和单纯作为货币的货币的流通之间，存在着可以感觉到的区别。

一旦出卖一种商品所得到的货币又被用去购买另一种商品，W—G—W 的循环就全部结束。如果货币又流回到起点，那只是由于整个过程的更新或重复。假如我把一夸特谷物卖了 3 镑，然后用这 3 镑买了衣服，对我来说，这 3 镑就是最终花掉了。我和这 3 镑再没有任何关系。它是衣商的了。假如我又卖了一夸特谷物，货币就又流回到我的手里，但这不是第一次交易的结果，而只是这一交易重复的结果。一旦我结束了这第二次交易，又买了东西，货币就又离开我。因此，在 W—G—W 这个流通中，货币的支出和货币的流回没有任何关系。相反，在 G—W—G 中，货币的流回是由货币支出的性质本身决定的。没有这种流回，活动就失败了，或者过程就中断而没有完成，因为它的第二阶段，即作为买的补充和完成的卖没有实现。

在 W—G—W 循环中，始极是一种商品，终极是另一种商品，后者退出流通，转入消费。因此，这一循环的最终目的是消费，是满足需要，总之，是使用价值。相反，G—W—G 循环是从货币一极出发，最后又返回同一极。因此，这一循环的动机和决定目的是交换价值本身。

在简单商品流通中，两极具有同样的经济形式。二者都是商品，而且是价值量相等的商品。但它们是不同质的使用价值，如谷物和衣服。在这里，产品交换，体现着社会劳动的不同物质的交换，是运动的内容。G—W—G 这个流通则不同。乍一看来，它似乎是无内容的，因为是同义反复。两极具有同样的经济形式。二者都是货币，从而不是不同质的使用价值，因为货币正是商品的转化形式，在这个形式中，商品的一切特殊使用价值都已消失。先用 100 镑交换成棉花，然后又用这些棉花交换成 100 镑，就是说，货币兜了一个圈子又交换成货币，同样的东西又交换成同样的东西。这似乎是一种既无目的又很荒唐的活动。① 一个货币额和另一个货币额只能有量的区别。因此，G—W—G 过程所以有内容，不是因为两极有质的区别（二者都是货币），而只是因为它们有量的不同。最后从流通中取出的货币，多于起初投入的货币。例如，用 100 镑买的棉花卖 100 镑 + 10 镑，即 110 镑。因此，这个过程的完整形式是 G—W—G′。其中的 G′ = G + △G，即等于原预付货币额加上一个增殖额。我把这个增殖额或超过原

---

① 梅尔西埃·德拉里维耶尔驳重商主义者说："人们不会用货币去交换货币。"（《政治社会天然固有的秩序》第 486 页）有一本专门论述"贸易"和"投机"的著作写道："一切贸易都是不同种物品的交换；而利益〈商人的?〉正是由于这种不同而产生的。用一磅面包交换一磅面包，这不会带来任何利益……因此，贸易同赌博相比形成有利的对照，因为赌博只是用货币交换货币。"（托·柯贝特《个人致富的原因和方法的研究；或贸易和投机原理的解释》1841 年伦敦第 5 页）虽然柯贝特不知道，G—G，货币交换货币，不仅是商业资本，而且是一切资本特有的流通形式，但他至少承认，这个形式是投机这种贸易与赌博共有的；但是后来出现了麦克库洛赫，他发现，为卖而买就是投机，这样，投机和贸易的区别就消失了。"任何交易，只要一个人购买产品是为了再卖出去，实际上就是投机。"（麦克库洛赫《商业和商轮航运业的实用、理论和历史辞典》1847 年伦敦版第 1009 页）平托，这个阿姆斯特丹交易所的平达，更是无比天真，他说："贸易是一种赌博〈这句话是从洛克那里抄袭来的〉，不过从乞丐那儿是赢不到任何东西的。如果有人在长时间内赢了所有的人的所有的钱，那他只有心甘情愿地把赢得的绝大部分钱退回去，才能再赌"（平托《关于流通和信用的论文》1771 年阿姆斯特丹版第 231 页）。

价值的余额叫做剩余价值。可见，原预付价值不仅在流通中保存下来，而且在流通中改变了自己的价值量，加上了一个剩余价值，或者说增殖了。正是这种运动使价值转化为资本。

诚然，在 W—G—W 中，两极 W 和 W，如谷物和衣服，也可能是大小不等的价值量。农民卖谷物的价钱可能高于谷物的价值，或者他买衣服的价钱可能低于衣服的价值。他也可能受衣商的骗。但是这种价值上的差异，对这种流通形式本身来说完全是偶然的。即使两极（如谷物和衣服）是等价的，这种流通形式也丝毫不会像 G—W—G 过程一样丧失自己的意义。在这里，两极的价值相等倒可以说是这种流通形式正常进行的条件。

为买而卖的过程的重复或更新，与这一过程本身一样，以达到这一过程以外的最终目的，即消费或满足一定的需要为限。相反，在为卖而买的过程中，开端和终结是一样的，都是货币，都是交换价值，单是由于这一点，这种运动就已经是没有止境的了。诚然，G 变成了 G + △G，100 镑变成了 100 镑 + 10 镑。但是单从质的方面来看，110 镑和 100 镑一样，都是货币。而从量的方面来看，110 镑和 100 镑一样，也是有限的价值额。如果把这 110 镑当作货币用掉，那它就不再起作用了。它不再成为资本。如果把它从流通中取出来，那它就凝固为贮藏货币，即使藏到世界末日，也不会增加分毫。因此，如果问题是要使价值增殖，那么 110 镑和 100 镑一样，也需要增殖，因为二者都是交换价值的有限的表现，从而具有相同的使命：通过量的增大以接近绝对的富。不错，原预付价值 100 镑和它在流通中所增殖的剩余价值 10 镑在一瞬间是有区别的，但这个区别马上又消失了。过程终了时，不是100镑原价值在一边，10镑剩余价值在另一边。得到的结果是一个110镑的价值。这个价值具有和原先的100镑一样的适宜于开始价值增殖过程的形式。货币在运动终结时又成为运动的开端。① 因此，每一次为卖而买所完成的循环的终结，自然成为新循环的开始。简单商品流通——为买而卖——是达到流通以外的最终目的，占有使用价值，满足需要的手段。相反，作为资本的货币的流通本身就是目的，因为只是在这个不断更新的运动中才有价值的增殖。因此，资本的运动是没有限度的。②

作为这一运动的有意识的承担者，货币占有者变成了资本

---

① "资本……分为原有资本和利润，即资本……所获得的增长额，虽然实践本身立刻又将这种利润加到资本上，并把它和资本一起投入周转中。"（弗·恩格斯《政治经济学批判大纲》，载于阿尔诺德·卢格和卡尔·马克思编的《德法年鉴》1844年巴黎版第99页）

② 亚里士多德拿经济同货殖作对比。他从经济出发。经济作为一种谋生术，只限于取得生活所必要的并且对家庭或国家有用的物品。"真正的财富就是由这样的使用价值构成的；因为满足优裕生活所必需的这类财产的量不是无限的。但是还有另一种谋生术，把它叫做货殖是很适当、很贴切的。由于货殖，财富和财产的界限看来就不存在了。商品交易〈按字面意义是零售贸易，亚里士多德采用这个形式，是因为在这个形式中占支配地位的是使用价值〉按其性质来说不属于货殖范围，因为在这里，交换只限于他们自己需要的物品。"他又说，因此，商品交易的最初形式也是物物交换，但是随着它的扩大，必然产生货币。随着货币的发明，物物交换必然发展成为商品交易，而后者一反它的最初的宗旨，成了货殖，成了赚钱术。货殖与经济的区别是："对货殖来说，流通是财富的源泉。货殖似乎是围绕着货币转，因为货币是这种交换的起点和终点。因此，货殖所追求的财富也是无限的。一种技术，只要它的目的不是充当手段，而是充当最终目的，它的要求就是无限的，因为它总想更加接近这个目的；而那种只是追求达到目的的手段的技术，就不是无限的，因为目的本身已给这种技术规定了界限。货殖则和前一种技术一样，它的目的也是没有止境的，它的目的就是绝对的富有。有界限的是经济而不是货殖……前者的目的是与货币本身不同的东西，后者的目的是增加货币……由于把这两种难以分清的形式混为一谈，有人就以为，无限地保存和增加货币是经济的最终目的。"（散见亚里士多德《政治学》，贝克尔编，第1篇第8、9章）

家。他这个人,或不如说他的钱袋,是货币的出发点和复归点。这种流通的客观内容——价值增殖——是他的主观目的;只有在越来越多地占有抽象财富成为他的活动的惟一动机时,他才作为资本家或作为人格化的、有意志和意识的资本执行职能。因此,决不能把使用价值看作资本家的直接目的。① 他的目的也不是取得一次利润,而只是谋取利润的无休止的运动。② 这种绝对的致富欲,这种价值追逐狂③,是资本家和货币贮藏者所共有的,不过货币贮藏者是发狂的资本家,资本家是理智的货币贮藏者。货币贮藏者通过竭力把货币从流通中拯救出来④所谋求的无休止的价值增殖,为更加精明的资本家通过不断地把货币重新投入流通而实现了。⑤

商品的价值在简单流通中所采取的独立形式,即货币形式,只是商品交换的中介,运动一结束就消失。相反,在 G—W—G 流通中,商品和货币这二者仅仅是价值本身的不同存在方式:货

---

① "商品〈这里是指使用价值〉不是产业资本家的最终目的……货币是他的最终目的。"(托·查默斯《论政治经济学同社会的道德状况和道德远景的关系》1832年格拉斯哥第2版第165、166页)

② "虽然商人并不轻视已经获得的利润,但他的目光却总是盯着未来的利润。"(安·詹诺韦西《市民经济学讲义》(1765年版),载于库斯托第编《意大利政治经济学名家文集·现代部分》第8卷第139页)

③ "这种不可遏止的追逐利润的狂热,这种可诅咒的求金欲,始终左右着资本家。"(麦克库洛赫《政治经济学原理》1830年伦敦版第179页)当然,这种见解并不妨碍麦克库洛赫之流,在理论上陷入困境的情况下,例如在考察生产过剩问题时,还是把资本家变成了善良的市民,好像他关心的只是使用价值,好像他真正像狼一般贪求的,只是皮靴、帽子、鸡蛋、印花布以及其他各种极为平常的使用价值。

④ [拯救]是希腊人用来表示货币贮藏的一种特别用语。同样,英语"to save"也是既有拯救,又有储蓄的意思。

⑤ "事物在直进中没有无限性,在循环中却有。"(加利阿尼[《货币论》第156页])

币是它的一般存在方式，商品是它的特殊的也可以说只是化了装的存在方式。① 价值不断地从一种形式转化为另一种形式，在这个运动中永不消失，这样就转化为一个自动的主体。如果把自行增殖的价值在其生活的循环中交替采取的各种特殊表现形式固定下来，就得出这样的说明：资本是货币，资本是商品。② 但是实际上，价值在这里已经成为一个过程的主体，在这个过程中，它不断地变换货币形式和商品形式，改变着自己的量，作为剩余价值同作为原价值的自身分出来，自行增殖着。既然它生出剩余价值的运动是它自身的运动，它的增殖也就是自行增殖。它所以获得创造价值的奇能，是因为它是价值。它会产仔，或者说，它至少会生金蛋。

价值时而采取时而抛弃货币形式和商品形式，同时又在这种变换中一直保存自己和扩大自己；价值作为这一过程的扩张着的主体，首先需要一个独立的形式，把自身的同一性确定下来。它只有在货币上才具有这种形式。因此，货币是每个价值增殖过程的起点和终点。它以前是 100 镑，现在是 110 镑，等等。但货币本身在这里只是价值的一种形式，因为价值有两种形式。货币不采取商品形式，就不能成为资本。因此，货币在这里不像在货币贮藏的情况下那样，与商品势不两立。资本家知道，一切商品，不管它们多么难看，多么难闻，在信仰上和事实上都是货币，是

---

① "构成资本的不是物质，而是这些物质的价值。"（让·巴·萨伊《论政治经济学》1817 年巴黎第 3 版第 2 卷第 429 页）

② "用于生产目的的通货〈！〉就是资本。"（麦克劳德《银行业的理论与实践》1855 年伦敦版第 1 卷第 1 章第 55 页）"资本就是商品。"（詹姆斯·穆勒《政治经济学原理》1821 年伦敦版第 74 页）

行过内部割礼的犹太人,并且是把货币变成更多的货币的奇妙手段。

在简单流通中,商品的价值在与商品的使用价值的对立中,至多取得了独立的货币形式,而在这里,商品的价值突然表现为一个处在过程中的、自行运动的实体,商品和货币只是这一实体的两种形式。不仅如此。现在,它不是表示商品关系,而可以说同它自身发生私自关系。它作为原价值同作为剩余价值的自身区别开来,作为圣父同作为圣子的自身区别开来,而二者年龄相同,实际上只是一个人。这是因为预付的 100 镑只是由于有了 10 镑剩余价值才成为资本,而它一旦成为资本,一旦生了儿子,并由于有了儿子而生了父亲,二者的区别又马上消失,合为一体——110 镑。

因此,价值成了处于过程中的价值,成了处于过程中的货币,从而也就成了资本。它离开流通,又进入流通,在流通中保存自己,扩大自己,扩大以后又从流通中返回来,并且不断重新开始同样的循环。① G—G′,生出货币的货币,——资本的最初解释者重商主义者就是这样来描绘资本的。

为卖而买,或者说得完整些,为了贵卖而买,即 G—W—G′,似乎只是一种资本即商人资本所特有的形式。但产业资本也是这样一种货币,它转化为商品,然后通过商品的出售再转化为更多的货币。在买和卖的间歇,即在流通领域以外发生的行为,丝毫不会改变这种运动形式。最后,在生息资本的场合,G—W—G′

---

① "资本……是不断增大的价值。"(西斯蒙第《政治经济学新原理》第 1 卷第 88、89 页)

的流通简化地表现为没有中介的结果，表现为一种简练的形式，G—G′，表现为等于更多货币的货币，比本身价值更大的价值。

因此，G—W—G′事实上是直接在流通领域内表现出来的资本的总公式。

2. 总公式的矛盾

货币羽化为资本的流通形式，是和前面阐明的所有关于商品、价值、货币和流通本身的性质的规律相矛盾的。它和简单商品流通相区别的地方，在于同样两个对立过程（卖和买）的次序相反。但这种纯粹形式上的区别，是用什么魔法使这一过程的性质改变的呢？

不仅如此。在互相进行交易的三个业务上的朋友中间，只是对其中一个人来说，次序才是颠倒过来了。作为资本家，我从A手里购买商品，再把商品卖给B；作为简单的商品占有者，我把商品卖给B，然后从A手里购买商品。对A和B这两个业务上的朋友来说，这个区别是不存在的。他们只是作为商品的买者或卖者出现。我自己是作为简单的货币占有者或商品占有者，作为买者或卖者与他们相对立。在这两个序列中，对于一个人我只是买者，对于另一个人我只是卖者；对于一个人我只是货币，对于另一个人我只是商品，不论对于这两个人中的哪一个，我都不是资本，不是资本家，不是比货币或商品更多的什么东西的代表，或者能起货币或商品以外的什么作用的东西的代表。对我来说，向A购买商品和把商品卖给B，构成一个序列。但是这两个行为之间的联系，只有对我来说才是存在的。A并不关心我同B的交易,B并不关心我同A的交易。假如我想向他们说明我把交易的序列颠倒过来而作出的特殊功绩,他们就会向我指出,是我把序列本身弄错了,整个交易不是由买开始和由卖结束,而是相反,由卖开始和由买结束。实际上,我的第一个行为买,在A看来是卖,我的第二个行为卖,在B看来是买。A和B并不满足于这一点,他们还会说,这整个序列是多余的,是耍把戏。A可以直接把商品卖给B,B可以直接向A购买商品。这样,整个交易就缩短为普通商品流通的一个单方面的行为:从A看来只是卖,从B看来只是买。可见,我们把序列颠倒过来,并没有越出简单商品流通领域,相反,我们倒应该看一看:这个领域按其性质来说,是否允许进入这一领域的价值发生增殖,从而允许剩余价值的形成。

我们拿表现为单纯的商品交换这种形式的流通过程来说。在两个商品占有者彼此购买对方的商品,并到支付日结算债务差额时,总是出现这种形式。在这里,货币充当计算货币,它把商品的价值表现为商品价格,而不是用它的物体同商品本身相对立。就使用价值来看,交换双方显然都能得到好处。双方都是让渡对自己没有使用价值的商品,而得到自己需要使用的商品。但好处可能不止是这一点。卖葡萄酒买谷物的A,在同样的劳动时间内,大概会比种植谷物的B酿出更多的葡萄酒,而种植谷物的B,在同样的劳动时间内,大概会比酿酒的A生产出更多的谷物。可见,与两人不进行交换而各自都不得不为自己生产葡萄酒和谷物相比,用同样的交换价值,A能得到更多的谷物,B能得到更多的葡萄酒。因此,就使用价值来看,可以说,"交换是一种双方都得到好处的交易"①。就交换价值来看,情况就不同了。

"一个有许多葡萄酒而没有谷物的人,同一个有许多谷物而没有葡萄酒的人进行交易,在他们之间,价值 50 的小麦和价值 50 的葡萄酒相交换了。这种交换不论对哪一方来说都不是交换价值的增多,因为每一方通过这次行为得到的价值,是和他在交换以前握有的价值相等的。"②

事情不会由于货币作为流通手段出现在商品之间,以及买和卖的行为明显地分离开来而发生变化。③ 商品的价值在商品进入流通以前就表现为商品价格,因此它是流通的前提,不是流通的结果。④

如果抽象地来考察,就是说,把不是从简单商品流通的内在规律中产生的情况撇开,那么,在这种流通中发生的,除了一种使用价值被另一种使用价值代替以外,只是商品的形态变化,即商品的单纯形式变换。同一价值,即同量的对象化社会劳动,在同一个商品占有者手里,起初表现为他的商品的形态,然后是该商品转化成的货币的形态,最后是由这一货币再转化成的商品的形态。这种形式变换并不包含价值量的改变。而商品价值本身在这一过程中所经历的变换,只限于它的货币形式的变换。起初,

---

① "交换是一种奇妙的交易,交换双方总是〈!〉得到好处。"(德斯杜特·德·特拉西《论意志及其作用》1826 年巴黎版第 68 页)该书 1823 年也以《政治经济学概论》的名称出版。

② 梅尔西埃·德拉里维耶尔《政治社会天然固有的秩序》第 544 页。

③ "这两个价值中有一个是货币,还是两个都是普通商品,这件事本身是毫无关系的。"(同上,第 543 页)

④ "不是契约当事人决定价值;价值在成交以前就已经决定了。"(勒特罗纳《论社会利益》第 906 页)

这个货币形式是待售商品的价格，然后是在价格中已经表现出来的货币额，最后是等价商品的价格。这种形式变换，像一张 5 镑的钞票换成若干索维林、若干半索维林和若干先令一样，本身并不包含价值量的改变。因此，商品流通就它只引起商品价值的形式变换来说，在现象纯粹地进行的情况下，就只引起等价物的交换。连根本不懂什么是价值的庸俗经济学，每当它想依照自己的方式来纯粹地观察现象的时候，也假定供求是一致的，就是说，假定供求的影响是完全不存在的。因此，就使用价值来看，交换双方都能得到利益，但在交换价值上，双方都不能得到利益。不如说，在这里是："在平等的地方，没有利益可言。"① 诚然，商品可以按照和自己的价值相偏离的价格出售，但这种偏离是一种违反商品交换规律的现象。② 商品交换就其纯粹形态来说是等价物的交换，因此，不是增大价值的手段。③

因此，那些试图把商品流通说成是剩余价值的源泉的人，大多是把使用价值和交换价值弄混了、混淆了。例如，孔狄亚克说：

"认为在商品交换中是等量的价值交换等量的价值，那是错误的。恰恰相反，契约当事人双方总是用较小的价值去换取较大

---

① 加利阿尼《货币论》，载于库斯托第编《意大利政治经济学名家文集·现代部分》第 4 卷第 244 页。

② "当某种外部情况使价格降低或提高时，交换就会对一方不利，于是平等被破坏了，但这种破坏是由于外部原因，而不是由于交换造成的。"（勒特罗纳《论社会利益》第 904 页）

③ "交换按其性质来说是一种契约，这种契约以平等为基础，也就是说，是在两个相等的价值之间订立的。因此，它不是致富的手段，因为所付和所得是相等的。"（勒特罗纳《论社会利益》第 903、904 页）

的价值……如果真的总是等量的价值交换,那么契约当事人的任何一方都不会得到利益。但双方都得到利益,或都应该得到利益。为什么呢?物的价值只在于物和我们的需要的关系。某物对一个人来说是多了,对另一人来说则是少了,或者相反……不能设想,我们会把自己消费所必需的物拿去卖……我们是要把自己用不着的东西拿去卖,以取得自己需要的东西;我们是要以少换多……人们自然会认为,只要每个被交换的物在价值上等于同一货币量,那就是等量的价值交换等量的价值……但还必须考虑到另一方面;试问:我们双方不是都用剩余物来交换需要物吗?"①我们看到,孔狄亚克不但把使用价值和交换价值混在一起,而且十分幼稚地把商品生产发达的社会硬说成是这样一种状态:生产者自己生产自己的生存资料,而只把满足自己需要以后的余额即剩余物投入流通。② 然而,孔狄亚克的论据却经常为现代经济学家所重复,当他们要说明商品交换的发达形式即贸易会产生剩余价值的时候,更是如此。例如,有人说:

"贸易使产品增添价值,因为同一产品在消费者手里比在生产者手里具有更大的价值,因此,严格说来,贸易应看作是一种生产活动。"③

---

① 孔狄亚克《商业和政府》(1776年),载于德尔和莫利纳里编《政治经济学文选》1847年巴黎版第267、291页。

② 因此,勒特罗纳在回答他的朋友孔狄亚克时说得很对:"在发达的社会中,根本没有剩余的东西。"同时他还讽刺地解释说:"假如交换双方都以同样少的东西换得同样多的东西,那么他们得到的也就同样多。"因为孔狄亚克对交换价值的性质一无所知,所以,他对威廉·罗雪尔教授先生来说是自己的幼稚概念的合适证明人。见罗雪尔的《国民经济学原理》1858年第3版〔第102—103、190—191页〕。

③ 赛·菲·纽曼《政治经济学原理》1835年安多弗—纽约版第175页。

但是，人们购买商品不是付两次钱：一次是为了它的使用价值，一次是为了它的价值。如果说商品的使用价值对买者比对卖者更有用，那么商品的货币形式对卖者比对买者就更有用。不然他何必出卖商品呢？因此，我们同样也可以说，例如，买者把商人的袜子转化为货币，严格说来，就是完成一种"生产活动"。

假如互相交换的是交换价值相等的商品，或交换价值相等的商品和货币，就是说，是等价物，那么很明显，任何人从流通中取出的价值，都不会大于他投入流通的价值。在这种情形下，就不会有剩余价值形成。商品的流通过程就其纯粹的形式来说，要求等价物的交换。但是在实际上，事情并不是纯粹地进行的。因此，我们假定是非等价物的交换。

在任何情形下，在商品市场上，只是商品占有者与商品占有者相对立，他们彼此行使的权力只是他们商品的权力。商品的物质区别是交换的物质动机，它使商品占有者互相依赖，因为他们双方都没有他们自己需要的物品，而有别人需要的物品。除商品使用价值的这种物质区别以外，商品之间就只有一种区别，即商品的自然形式和它的转化形式之间的区别，商品和货币之间的区别。因此，商品占有者之间的区别，只不过是卖者即商品占有者和买者即货币占有者之间的区别。

假定卖者享有某种无法说明的特权，可以高于商品价值出卖商品，把价值100的商品卖110，即在名义上加价10%。这样，卖者就得到剩余价值10。但是，他当了卖者以后，又成为买者。现在第三个商品占有者作为卖者和他相遇，并且也享有把商品贵卖10%的特权。我们那位商品占有者作为卖者赚得了10，但是作为买者要失去10。① 实际上，整个事情的结果是，全体商品占有者都高于商品价值10%互相出卖商品，这与他们把商品按其价值出售完全一样。商品的这种名义上的普遍加价，其结果就像例如用银代替金来计量商品价值一样。商品的货币名称即价格上涨了，但商品间的价值比例仍然不变。

我们再反过来，假定买者享有某种特权，可以低于商品价值购买商品。在这里，不用说，买者还要成为卖者。他在成为买者以前，就曾经是卖者。他在作为买者赚得10%以前，就已经作为卖者失去了10%。② 结果一切照旧。

因此，剩余价值的形成，从而货币的转化为资本，既不能用卖者高于商品价值出卖商品来说明，也不能用买者低于商品价值购买商品来说明。③

即使偷偷加进一些不相干的东西，如像托伦斯上校那样，问题也决不会变简单些。这位上校说：

"有效的需求在于，消费者通过直接的或间接的交换能够和愿意〈！〉付给商品的部分，大于生产它们时所耗费的资本的一

---

① "靠提高产品的名义价值……卖者不会致富……因为他们作为卖者所得的利益，在他们作为买者时又如数付出。"（[约·格雷]《国民财富基本原理的说明》1797年伦敦版第66页）

② "假如有人不得不把价值24利弗尔的产品卖18利弗尔，那么，当他用这笔货币额再去购买时，这18利弗尔同样能买到24利弗尔的东西。"（勒特罗纳《论社会利益》第897页）

③ "因此，任何一个卖者通常不能提高自己商品的价格，否则他购买其他卖者的商品时也必须付出高价。根据同样的理由，任何一个消费者通常不能以低价购买商品，否则他也必须降低他出售的商品的价格。"（梅尔西埃·德拉里维耶乐《政治社会天然固有的秩序》第555页）

切组成部分。"①

在流通中，生产者和消费者只是作为卖者和买者相对立。说生产者得到剩余价值是由于消费者付的钱超过了商品的价值，那不过是把商品占有者作为卖者享有贵卖的特权这个简单的命题加以伪装罢了。卖者自己生产了某种商品，或代表它的生产者，同样，买者也是自己生产了某种已表现为货币的商品，或代表它的生产者。因此，是生产者和生产者相对立。他们的区别在于，一个是买，一个是卖。商品占有者在生产者的名义下高于商品价值出卖商品，在消费者的名义下对商品付出高价，这并不能使我们前进一步。②

因此，坚持剩余价值来源于名义上的加价或卖者享有贵卖商品的特权这一错觉的代表者，是假定有一个只买不卖，从而只消费不生产的阶级。从我们上面达到的观点来看，即从简单流通的观点来看，还不能说明存在着这样一个阶级。但是，我们先假定有这样一个阶级。这个阶级不断用来购买的货币，必然是不断地、不经过交换、白白地、依靠任何一种权利或暴力，从那些商品占有者手里流到这个阶级手里的。把商品高于价值卖给这个阶级，不过是骗回一部分白白交出去的货币罢了。③ 例如，小亚细亚的城市每年向古罗马交纳贡款，就是如此。罗马则用这些货币

---

① 罗·托伦斯《论财富的生产》1821 年伦敦版第 349 页。
② "利润由消费者支付这种想法显然是十分荒谬的。消费者又是谁呢？"（乔·拉姆赛《论财富的分配》1836 年爱丁堡版第 183 页）
③ "假如有人感到需求不足，那么马尔萨斯先生是否会劝他把钱付给别人，让别人用这笔钱购买他的商品呢？"一个很气愤的李嘉图的信徒这样质问马尔萨斯，因为后者及其门徒查默斯牧师从经济学的观点赞美了纯买者阶级，即消费者阶级。见《论马尔萨斯先生近来提倡的关于需求的性质和消费的必要性的原理》1821 年伦敦版第 55 页。

购买小亚细亚城市的商品,而且按高价购买。小亚细亚人通过贸易从征服者手里骗回一部分贡款,从而欺骗了罗马人。但是,吃亏的还是小亚细亚人。他们的商品仍旧是用他们自己的货币支付的。这决不是发财致富或创造剩余价值的方法。

所以,我们还是留在卖者也是买者、买者也是卖者的商品交换范围内吧。我们陷入困境,也许是因为我们只把人理解为人格化的范畴,而不是理解为个人。

商品占有者 A 可能非常狡猾,总是使他的同行 B 或 C 受骗,而 B 和 C 无论如何也报复不了。A 把价值 40 镑的葡萄酒卖给 B,换回价值 50 镑的谷物。A 把自己的 40 镑转化为 50 镑,把较少的货币变成了较多的货币,把自己的商品转化为资本。我们仔细地来看一下。

在交换以前,A 手中有价值 40 镑的葡萄酒,B 手中有价值 50 镑的谷物,总价值是 90 镑。在交换以后,总价值还是 90 镑。流通中的价值没有增大一个原子,只是它在 A 和 B 之间的分配改变了。一方的剩余价值,是另一方的不足价值,一方的增加,是另一方的减少。如果 A 不用交换形式作掩饰,而直接从 B 那里偷去 10 镑,也会发生同样的变化。显然,流通中的价值总量不管其分配情况怎样变化都不会增大,正像一个犹太人把安女王时代的一法寻当作一基尼来卖,不会使本国的贵金属量增大一样。一个国家的整个资本家阶级不能靠欺骗自己来发财致富。①

---

① 德斯杜特·德·特拉西虽然是(或许正因为是)研究院院士,却持有相反的观点。他说,产业资本家赚得利润,是因为"他们按高于生产成本的价格出卖一切商品。他们卖给谁呢?首先是彼此互卖"(德斯杜特·德·特拉西《论意志及其作用》第 239 页)。

可见，无论怎样颠来倒去，结果都是一样。如果是等价物交换，不产生剩余价值；如果是非等价物交换，也不产生剩余价值。① 流通或商品交换不创造价值。

由此可以了解，为什么我们在分析资本的基本形式，分析决定现代社会的经济组织的资本形式时，开始根本不提资本的常见的、所谓洪水期前的形态，即商业资本和高利贷资本。

G—W—G′的形式，为贵卖而买，在本来意义的商业资本中表现得最纯粹。另一方面，它的整个运动是在流通领域内进行的。但是，因为不能从流通本身来说明货币转化为资本，说明剩余价值的形成，所以只要是等价物相交换，商业资本看来是不可能存在的；② 因而，商业资本只能这样来解释：寄生在购买的商品生产者和售卖的商品生产者之间的商人对他们双方进行欺骗。富兰克林就是在这个意义上说："战争是掠夺，商业是欺骗。"③

---

① "两个相等的价值相交换，既不增大也不减少社会上现有价值的量。两个不相等的价值相交换……同样也改变不了社会价值的总额，因为它给这一个人增添的财富，是它从另一个人手中取走的财富。"（让·巴·萨伊《论政治经济学》1817 年巴黎第 3 版第 2 卷第 443、444 页）这个论点是萨伊几乎逐字逐句地从重农学派那里抄袭来的，当然他并不关心从这个论点会得出什么结论。下面的例子可以说明，他是怎样利用当时已被人遗忘的重农学派的著作，来增加自己的"价值"的。萨伊先生"最著名的"论点："产品只能用产品来购买"（同上，第 1 卷第 438 页），用重农学派的原话来说就是："产品只有用产品来支付"（勒特罗纳《论社会利益》第 899 页）。

② "在不变的等价物支配下，商业是不可能的。"（乔·奥普戴克《论政治经济学》1851 年纽约版第 66 页到 69 页）"实际价值和交换价值间的差别基于下述事实：物品的价值不同于人们在买卖中为该物品提供的那个所谓等价物，就是说，这个等价物并不是等价物。"（弗·恩格斯《政治经济学批判大纲》，载于阿尔诺德·卢格和卡尔·马克思编的《德法年鉴》1844 年巴黎版第 95、96 页）

③ 《本杰明·富兰克林全集》，斯帕克斯编第 2 卷《关于国民财富的有待研究的几个问题》[第 376 页]。

如果不应单纯用对商品生产者的欺骗来说明商业资本的增殖，那就必须举出一长串的中间环节，但是在这里，商品流通及其简单要素是我们惟一的前提，因此这些环节还完全不存在。

关于商业资本所说的一切，更加适用于高利贷资本。在商业资本中，两极，即投入市场的货币和从市场取出的增大的货币，至少还以买和卖，以流通运动为中介。在高利贷资本中，G—W—G′形式简化成没有中介的两极 G—G′，即交换成更多货币的货币。这种形式是和货币的性质相矛盾的，因而从商品交换的角度是无法解释的。

所以，亚里士多德说：

"货殖有两种，一种属于商业方面，一种属于经济方面。后者是必要的，值得称赞的，前者以流通为基础，理应受到谴责（因为它不以自然为基础，而以互相欺骗为基础）。所以，高利贷受人憎恨完全理所当然，因为在这里，货币本身成为赢利的源泉，没有用于发明它的时候的用途。货币是为商品交换而产生的，但利息却使货币生出更多的货币。它的名称〈利息和利子〉就是由此而来的。利子和母财是相像的。但利息是货币生出的货币，因此在所有的赢利部门中，这个部门是最违反自然的。"①

在我们研究的进程中，我们将会发现，生息资本和商业资本一样，也是派生的形式，同时会看到，为什么它们在历史上的出现早于资本的现代基本形式。

---

① 亚里士多德《政治学》第 1 册第 10 章［第 17 页］。

上面已经说明，剩余价值不能从流通中产生；因此，在剩余价值的形成上，必然有某种在流通中看不到的情况发生在流通的背后。① 但是，剩余价值能不能从流通以外的什么地方产生呢？流通是商品占有者的全部相互关系的总和。在流通以外，商品占有者只同他自己的商品发生关系。就商品的价值来说，这种关系只是：他的商品包含着他自己的、按一定社会规律计量的劳动量。这个劳动量表现为他的商品的价值量，而因为价值量表现为计算货币，所以这个劳动量就表现为一个价格，例如 10 镑。但是，他的劳动不能表现为商品的价值和超过这个商品本身价值而形成的余额，不能表现为一个等于 10 镑又等于 11 镑的价格，不能表现为一个大于自身价值的价值。商品占有者能够用自己的劳动创造价值，但是不能创造自行增殖的价值。他能够通过新的劳动给原有价值添加新价值，从而使商品的价值增大，例如把皮子制成皮靴就是这样。这时，同一个材料由于包含了更大的劳动量，也就有了更大的价值。因此，皮靴的价值大于皮子的价值，但是皮子的价值仍然和从前一样。它没有增殖，没有在制作皮靴时添加剩余价值。可见，商品生产者在流通领域以外，也就是不同其他商品占有者接触，就不能使价值增殖，从而使货币或商品转化为资本。

因此，资本不能从流通中产生，又不能不从流通中产生。它必须既在流通中又不在流通中产生。

---

① "在通常的市场条件下，利润不是由交换产生的。如果利润不是先前就已存在，那么，在这种交易以后也不会有。"（拉姆赛《论财富的分配》第 184 页）

这样，就得到一个双重的结果。

货币转化为资本，必须根据商品交换的内在规律来加以说明，因此等价物的交换应该是起点。① 我们那位还只是资本家幼虫的货币占有者，必须按商品的价值购买商品，按商品的价值出卖商品，但他在过程终了时取出的价值必须大于他投入的价值。他变为蝴蝶，必须在流通领域中，又必须不在流通领域中。这就是问题的条件。这里是罗陀斯，就在这里跳跃罢！

选自《马克思恩格斯全集》第44卷，北京：人民出版社2001年版，第171—194页。

---

① 根据以上说明，读者可以知道，这里的意思不过是：即使商品价格与商品价值相等，资本也一定可以形成。资本的形成不能用商品价格与商品价值的偏离来说明。假如价格确实与价值相偏离，那就必须首先把前者还原为后者，就是说，把这种情况当作偶然情况撇开，这样才能得到以商品交换为基础的资本形成的纯粹现象，才能在考察这个现象时，不致被那些起干扰作用的、与真正的过程不相干的从属情况所迷惑。而且我们知道，这种还原决不单纯是一种科学的手续。市场价格的不断波动，即它的涨落，会互相补偿，彼此抵消，并且还原为平均价格，而平均价格是市场价格的内在基准。这个基准是例如从事一切需要较长时间经营的企业的商人或工业家的指南。所以他们知道，就整个一段较长的时期来看，商品实际上既不是低于也不是高于平均价格，而是按照平均价格出售的。因此，如果撇开利害得失来考虑问题是符合他们的利益的话，他们就应该这样提出资本形成的问题：既然价格是由平均价格即归根到底是由商品的价值来调节的，那么资本怎么会产生呢？我说"归根到底"，是因为平均价格并不像亚·斯密、李嘉图等人所认为的那样，直接与商品的价值量相一致。

第七篇
资本的积累过程

第二十三章
资本主义积累的一般规律

3. 相对过剩人口或产业后备军的累进生产

资本积累最初只是表现为资本的量的扩大,但是以上我们看到,它是通过资本构成不断发生质的变化,通过减少资本的可变组成部分来不断增加资本的不变组成部分而实现的。①

特殊的资本主义的生产方式,与之相适应的劳动生产力的发展以及由此引起的资本有机构成的变化,不只是同积累的增进或社会财富的增长保持一致的步伐。它们的进展要快得多,因为简单的积累即总资本的绝对扩大,伴随有总资本的各个分子的集中,追加资本的技术变革,也伴随有原资本的技术变革。因此,随着积累的进程,资本的不变部分和可变部分的比例会发生变化;假定原来是1∶1,后来会变成2∶1、3∶1、4∶1、5∶1、7∶1等等,因而随着资本的增长,资本总价值转变为劳动力的部分不是1/2,而是递减为1/3、1/4、1/5、1/6、1/8等等,转变为生产资

---

① 第3版注:在马克思的自用本上,此处有如下的边注:"为了以后备考,这里应当指出:如果扩大只是量上的扩大,那么同一生产部门中,较大和较小资本的利润都同预付资本的量成比例。如果量的扩大引起了质的变化,那么,较大资本的利润率就会同时提高"。——弗·恩.

料的部分则递增为 2/3、3/4、4/5、5/6、7/8 等等。因为对劳动的需求，不是由总资本的大小决定的，而是由总资本可变组成部分的大小决定的，所以它随着总资本的增长而递减，而不像以前假定的那样，随着总资本的增长而按比例增加。对劳动的需求，同总资本量相比相对地减少，并且随着总资本量的增长以递增的速度减少。诚然，随着总资本的增长，总资本的可变组成部分即并入总资本的劳动力也会增加，但是增加的比例越来越小。积累作为生产在一定技术基础上的单纯扩大而发生作用的那种间歇时间缩短了。为了吸收一定数目的追加工人，甚至为了在旧资本不断发生形态变化的情况下继续雇用已经在职的工人，就不仅要求总资本以不断递增的速度加快积累。而且，这种不断增长的积累和集中本身，又成为使资本构成发生新的变化的一个源泉，也就是成为使资本的可变组成部分和不变组成部分相比再次迅速减少的一个源泉。总资本的可变组成部分的相对减少随着总资本的增长而加快，而且比总资本本身的增长还要快这一事实，在另一方面却相反地表现为，好像工人人口的绝对增长总是比可变资本即工人人口的就业手段增长得快。事实是，资本主义积累不断地并且同它的能力和规模成比例地生产出相对的，即超过资本增殖的平均需要的，因而是过剩的或追加的工人人口。

就社会总资本来考察，时而它的积累运动引起周期的变化，时而这个运动的各个因素同时分布在各个不同的生产部门。在某些部门，由于单纯的积聚，资本的构成发生变化而资本的绝对量没有增长；在有些部门，资本的绝对增长同它的可变组成部分或它所吸收的劳动力的绝对减少结合在一起；在另一些部门，资本时而在一定的技术基础上持续增长,并按照它增长的比例吸引追加的劳动力,时而发生有机的变化,资本的可变组成部分缩小;在一切部门中,资本可变组成部分的增长,从而就业工人人数的增长,总是同过剩人口的激烈波动,同过剩人口的暂时产生结合在一起,而不管这种产生采取排斥就业工人这个较明显的形式,还是采取使追加的工人人口难于被吸入它的通常水道这个不大明显但作用相同的形式。① 随着已经执行职能的社会资本量的增长及其增长程度的提高,随着生产规模和所使用的工人人数的扩大,随着他们劳动的生产力的发展,随着财富的一切源流的更加广阔和更加充足,资本对工人的更大的吸引力和更大的排斥力互相结合的规模也不断扩大,资本有机构成和资本技术形式的变化速度也不断加快,那些时而同时地时而交替地被卷入这些变化的生产部门的范围也不断增大。因此,工人人口本身在生产出资本

---

① 英格兰和威尔士的人口调查表明:全体从事农业的人员(土地所有者、租地农场主、园丁、牧人等等都包括在内)1851 年为 2011447 人,1861 年为 1924110 人,减少 87337 人。毛织厂——1851 年为 102714 人,1861 年为 79242 人;丝织厂——1851 年为 111940 人,1861 年为 101678 人;印染工人——1851 年为 12098 人,1861 年为 12556 人,虽然生产大为扩大,但人数增加很少,这就意味着就业工人人数相对地大为减少。制帽工人——1851 年为 15957 人,1861 年为 13814 人;草帽及便帽工人——1851 年为 20393 人,1861 年为 18176 人;麦芽工人——1851 年为 10566 人,1861 年为 10677 人;蜡烛工人——1851 年为 4949 人,1861 年为 4686 人,人数减少的原因之一是煤气灯的增多。制梳工人——1851 年为 2038 人,1861 年为 1478 人;锯木工人——1851 年为 30552 人,1861 年为 31647 人,由于锯木机的推广,人数增加很少;制钉工人——1851 年为 26940 人,1861 年为 26130 人,人数减少是由于机器的竞争;锡矿和铜矿工人——1851 年为 31360 人,1861 年为 32041 人。相反,棉纺织业——1851 年为 371777 人,1861 年为 456646 人;煤矿——1851 年为 183389 人,1861 年为 246613 人。"一般说来,1851 年以来,工人人数的增加在那些直到现在还没有成功地采用机器的部门最为显著。"(《1861 年英格兰和威尔士人口调查》1863 年伦敦版第 3 卷第 36 页)

积累的同时，也以日益扩大的规模生产出使他们自身成为相对过剩人口的手段。① 这就是资本主义生产方式所特有的人口规律，事实上，每一种特殊的、历史的生产方式都有其特殊的、历史地发生作用的人口规律。抽象的人口规律只存在于历史上还没有受过人干涉的动植物界。

过剩的工人人口是积累或资本主义基础上的财富发展的必然产物，但是这种过剩人口反过来又成为资本主义积累的杠杆，甚至成为资本主义生产方式存在的一个条件。过剩的工人人口形成一支可供支配的产业后备军，它绝对地从属于资本，就好像它是由资本出钱养大的一样。过剩的工人人口不受人口实际增长的限制，为不断变化的资本增殖需要创造出随时可供剥削的人身材

---

① 可变资本相对量递减的规律和这个规律对雇佣工人阶级状况的影响，曾经被古典学派某些优秀的经济学家感觉到，但是没有被他们所理解。在这方面，最大的功绩应归于约翰·巴顿，虽然他同所有其他的人一样，把不变资本同固定资本混为一谈，把可变资本同流动资本混为一谈。他说："对劳动的需求取决于流动资本的增加，而不是取决于固定资本的增加。如果这两种资本的比例在任何时候和在任何情况下确实都是一样的话，那么由此的确可以得出结论说，就业工人的人数同国家的财富成比例。但是这种假定并不符合现实。随着技术的进步和文明的传播，固定资本与流动资本相比越来越大。英国生产一匹凡尔纱所使用的固定资本额至少等于印度生产同样一匹凡尔纱所使用的固定资本额的一百倍，也许是一千倍。而流动资本的份额则是百分之一或千分之一……如果把一年的全部积蓄都加到固定资本上去，也不会使劳动的需求有任何增长。"（约翰·巴顿《论影响社会上劳动阶级状况的环境》1817年伦敦版第16、17页）"使国家的纯收入增加的原因，同时可以使人口过剩和使工人状况恶化。"（李嘉图《政治经济学及赋税原理》第469页）随着资本的增加，"〈对劳动的〉需求会相对地减少"（同上，第480页注）。"用来维持劳动的资本额可以不依赖于资本总额的变化而发生变化……随着资本本身越来越雄厚，就业规模的大波动以及大贫困变得越来越频繁。"（理查·琼斯《政治经济学绪论》1833年伦敦版第52页）"〈对劳动的〉需求的提高……并不是同总资本的积累成比例的…… 因此，在社会进步的过程中，用于再生产的国民资本的每次增加，对工人状况的影响会越来越小。"（拉姆赛《论财富的分配》第90、91页）

料。随着积累和伴随积累而来的劳动生产力的发展,资本的突然膨胀力也增长了,这不仅是因为执行职能的资本的弹性和绝对财富——资本不过是其中一个有弹性的部分——增长了,也不仅是因为信用每当遇到特殊刺激会在转眼之间把这种财富的非常大的部分作为追加资本交给生产支配。这还因为生产过程本身的技术条件,机器、运输工具等等,有可能以最大的规模最迅速地把剩余产品转化为追加的生产资料。随着积累的增进而膨胀起来的并且可以转化为追加资本的大量社会财富,疯狂地涌入那些市场突然扩大的旧生产部门,或涌入那些由旧生产部门的发展而引起需要的新兴生产部门,如铁路等等。在所有这些场合,都必须有大批的人可以突然地被投到决定性的地方去,而又不致影响其他部门的生产规模。这些人就由过剩人口来提供。现代工业特有的生活过程,由中常活跃、生产高度繁忙、危机和停滞这几个时期构成的、穿插着较小波动的十年一次的周期形式,就是建立在产业后备军或过剩人口的不断形成、或多或少地被吸收、然后再形成这样的基础之上的。而工业周期的阶段变换又使过剩人口得到新的补充,并且成为过剩人口再生产的最有力的因素之一。

现代工业这种独特的生活过程,我们在人类过去的任何时代都是看不到的,即使在资本主义生产的幼年时期也不可能出现。那时资本构成的变化还极其缓慢。因此,对劳动的需求的增长,总的说来是同资本的积累相适应的。不管那时资本积累的增进同现代相比是多么缓慢,它还是碰到了可供剥削的工人人口的自然限制,这些限制只有通过以后将要谈到的暴力手段才能清除。生产规模突然的跳跃式的膨胀是它突然收缩的前提;而后者又引起前者,但是没有可供支配的人身材料,没有不取决于人口绝对增长的工人的增加,前者是不可能的。工人的这种增加,是通过使一部分工人不断地被"游离"出来的简单过程,通过使就业工人人数比扩大的生产相对减少的方法造成的。因此,现代工业的整个运动形式来源于一部分工人人口不断地转化为失业的或半失业的人手。政治经济学的肤浅性也表现在,它把信用的膨胀和收缩,把工业周期各个时期更替这种单纯的征兆,看作是造成这种更替的原因。正如天体一经投入一定的运动就会不断重复这种运动一样,社会生产一经进入交替发生膨胀和收缩的运动,也会不断地重复这种运动。而结果又会成为原因,于是不断地再生产出自身条件的整个过程的阶段变换就采取周期性的形式。这种周期性一经固定下来,那么,就连政治经济学也会把相对的,即超过资本增殖的平均需要的过剩人口的生产,看作是现代工业的生活条件。

曾任牛津大学政治经济学教授、后来又任英国殖民部官员的赫·梅里韦尔说:

"假定在危机时期国家竭力通过向国外移民的办法来摆脱几十万过剩的贫民,那结果会怎样呢?结果是,当对劳动的需求刚一恢复时,劳动就会不足。人的再生产不管多么快,要把成年工人补充起来,总需要有一代人的时间。可是我们的工厂主的利润主要取决于是否有能力利用需求活跃的有利时机,并以此来弥补滞销时期的损失。而他们只有拥有对机器和体力劳动的指挥权,才能保证有这种能力。他们必须找到可供支配的人手;他们必须能够依据市场情况在必要时加强或收缩他们的营业活动,否则他们就决不能在竞争的角逐中保持优势,而这种优势是国家财富的基础。"

甚至马尔萨斯也承认，过剩人口对于现代工业来说是必要的，虽然他按照自己的褊狭之见，把它解释成工人人口的绝对过剩，而不是工人人口的相对过剩。他说：

"在一个主要依靠工商业的国家里，如果在工人阶级中间盛行慎重地对待结婚的习惯，那对国家是有害的……按人口的性质来说，即使遇到特殊需求，不经过16年或18年的时间，也不可能向市场供应追加工人。然而，收入通过节约转化为资本却可以快得多；一个国家的劳动基金比人口增长得快的情况，是经常有的。"①

政治经济学这样把工人的相对过剩人口的不断生产宣布为资本主义积累的必要条件之后，就恰如其分地以一个老处女的姿态，通过她的"最理想的人"即资本家的嘴，对那些因自己创造了追加资本而被抛向街头的"过剩的人"说了如下的话：

"我们工厂主增大你们借以生存的资本，为你们做了我们所能做的事情；而你们必须去做其余的事情，去使你们的人数同生存资料相适应"。

对资本主义生产来说，人口自然增长所提供的可供支配的劳动力数量是绝对不够的。为了能够自由地活动，它需要有一支不以这种自然限制为转移的产业后备军。

以上我们假定，就业工人人数的增减正好同可变资本的增减相一致。

然而，可变资本在它所指挥的工人人数不变或甚至减少的情

---

① 马尔萨斯《政治经济学原理》第215、319、320页。在这本书中，马尔萨斯依靠西斯蒙第终于发现了资本主义生产的美妙的三位一体：生产过剩，人口过剩，消费过剩，实在是三个极美妙的怪物！参看弗·恩格斯《国民经济学批判大纲》第107页及以下几页。

况下也会增长。如果单个工人提供更多的劳动，因而他的工资增加，——即使劳动价格不变，或者甚至下降，但只要下降得比劳动量的增加慢，——情况就是如此。在这种场合，可变资本的增长是劳动增加的指数，而不是就业工人增加的指数。每一个资本家的绝对利益在于，从较少的工人身上而不是用同样低廉或甚至更为低廉的花费从较多的工人身上榨取一定量的劳动。在后一种情况下，不变资本的支出会随着所推动的劳动量成比例地增长，在前一种情况下，不变资本的增长则要慢得多。生产规模越大，这种动机就越具有决定意义。它的力量随资本积累一同增长。

我们已经知道，资本主义生产方式和劳动生产力的发展——既是积累的原因，又是积累的结果——使资本家能够通过从外延方面或内涵方面加强对单个劳动力的剥削，在支出同样多的可变资本的情况下推动更多的劳动。其次，我们还知道，资本家越来越用不大熟练的工人排挤较熟练的工人，用未成熟的劳动力排挤成熟的劳动力，用女劳动力排挤男劳动力，用少年或儿童劳动力排挤成年劳动力，这样，他就用同样多的资本价值买到更多的劳动力。

所以，在积累的进程中，一方面，较大的可变资本无须招收更多的工人就可以推动更多的劳动；另一方面，同样数量的可变资本用同样数量的劳动力就可以推动更多的劳动；最后，通过排挤较高级的劳动力可以推动更多低级的劳动力。

因此，相对过剩人口的生产或工人的游离，比生产过程随着积累的增进而加速的技术变革，比与此相适应的资本可变部分比不变部分的相对减少，更为迅速。如果说生产资料在扩大自己的规模和作用的同时，在越来越小的程度上成为工人的就业手段，那么，这种情况本身又会由于下述事实而有所变化：劳动生产力越是增长，资本造成的劳动供给比资本对工人的需求越是增加得快。工人阶级中就业部分的过度劳动，扩大了它的后备军的队伍，而后者通过竞争加在就业工人身上的增大的压力，又反过来迫使就业工人不得不从事过度劳动和听从资本的摆布。工人阶级的一部分从事过度劳动迫使它的另一部分无事可做，反过来，它的一部分无事可做迫使它的另一部分从事过度劳动，这成了各个资本家致富的手段①，同时又按照与社会积累的增进相适应的规模加速了产业后备军的生产。这个因素在相对过剩人口的形成上是多么重要，可以拿英国的例子来证明。英国"节约"劳动的技术手段是十分强大的。但是，如果明天把劳动普遍限制在合理的程度，并且在工人阶级的各个阶层中再按年龄和性别进行适当安

---

① 甚至在1863年棉荒时期，我们在布莱克本的纺纱工人散发的一本小册子中，也看到对过度劳动的强烈指责。由于工厂法的约束，从事这种过度劳动的当然只有成年男工。"这个工厂要求成年工人每天劳动12—13小时，虽然有成百的人被迫无事可做，而他们又愿意劳动一部分时间，以便养家活口和防止自己的工人弟兄因过度劳动而早死。"小册子接着说，"我们要问，进行额外时间的劳动这种做法，能使主人和'仆役'之间建立某种可以容忍的关系吗？过度劳动的牺牲者和因此而被宣告为被迫无事可做的人，同样地感到不公平。如果把劳动加以公平的分配，那么，这个地区所需完成的工作足以使所有的人都能部分地就业。我们只要求一个权利：我们请求业主们，至少在目前状况维持不变的期间，普遍缩短劳动时间，而不是使一部分人从事过度劳动，使另一部分人由于没有活干被迫靠救济来维持生活。"（《工厂视察员报告，1863年10月31日》第8页）——《论手工业和商业》的作者，以其惯有的可靠的资产者本能，来理解相对过剩人口对就业工人的影响。"在这个王国中，引起怠惰的另一个原因，就是缺少足够数量的劳动人手。只要出现对产品的某种特殊需求，而使劳动量变得不足时，工人就会感觉到自己的重要性，并且想使业主也感觉到这一点；这是令人惊奇的；但是这帮家伙的心思坏透了，每遇到这种场合，成群的工人就联合起来，终日游惰，使他们的业主陷于困境。"（《论手工业和商业》第27、28页）这是说，这帮家伙要求提高工资。

排,那么,要依照现有的规模继续进行国民生产,目前的工人人口是绝对不够的。目前"非生产"工人的大多数都不得不转化为"生产"工人。

大体说来,工资的一般变动仅仅由同工业周期各个时期的更替相适应的产业后备军的膨胀和收缩来调节。因此,决定工资的一般变动的,不是工人人口绝对数量的变动,而是工人阶级分为现役军和后备军的比例的变动,是过剩人口相对量的增减,是过剩人口时而被吸收、时而又被游离的程度。现代工业具有十年一次的周期,每次周期又有各个周期性的阶段,而且这些阶段在积累进程中被越来越频繁地相继发生的不规则的波动所打断。对于这个现代工业来说,如果有下面这样的规律,那确实是太好了:劳动的供求不是通过资本的膨胀和收缩,因而不是按照资本当时的增殖需要来调节,以致劳动市场忽而由于资本膨胀而显得相对不足,忽而由于资本收缩而显得过剩,而是相反,资本的运动依存于人口量的绝对运动。然而,这正是经济学的教条。按照这个教条,工资因资本的积累而提高。工资的提高刺激工人人口更快地增加,这种增加一直持续到劳动市场充斥,因而资本同工人的供给比较起来相对不足时为止。工资下降,于是事情走向反面。由于工资的下降,工人人口逐渐减少,以致资本同工人人口比较起来又相对过剩,或者像另一些人所说的那样,工资的降低和对工人剥削的相应提高,会使积累重新加快,而与此同时,低工资又会抑制工人阶级的增长。这样一来,就又出现劳动的供给小于劳动的需求、工资提高等等情况。这对于发达的资本主义生产是一个多么美好的运动方法啊!可是,在真正有劳动能力的人口因工资提高而可能出现某种实际增长以前，已经一再经过了这样一个时期，在这个时期必然发生工业战，展开厮杀，并且决出胜负。

1849年至1859年间，在谷物价格下降的同时，英国农业地区出现了实际考察起来只是名义上的工资提高。例如，周工资在威尔特郡由7先令提高到8先令，在多塞特郡由7先令或8先令提高到9先令，等等。这是农业过剩人口异乎寻常外流的结果，而这种外流是由战争造成的需要和铁路工程、工厂、矿山等部门的大规模扩展引起的。工资越低，它的任何提高，即使是微不足道的提高，在百分比上也表现得越高。例如，周工资是20先令，提高到22先令，就是提高10%；但如果周工资只有7先令，提高到9先令，那就是提高 $28\frac{4}{7}\%$，这听起来就相当可观了。不管怎样，租地农场主大喊大叫起来，甚至伦敦《经济学家》在谈到这些饥饿工资时，也郑重其事地胡诌什么有了"普遍的和重大的提高"。租地农场主该怎么办呢？难道他们会象教条的经济学的头脑所设想的那样，等待这种优厚的报酬促使农业工人增加，直到他们的工资不得不重新下降吗？不，租地农场主采用了更多的机器，工人转瞬间又"过剩"到连租地农场主也感到满意的程度。同以前相比，现在投入农业的"资本更多了"，并且采取了生产效率更高的形式。这样一来，对劳动的需求不仅相对地下降，而且绝对地下降了。

经济学的上述虚构，把调节工资的一般变动或调节工人阶级即总劳动力和社会总资本之间的关系的规律，同在各个特殊生产部门之间分配工人人口的规律混为一谈了。例如，由于市场情况良好，某一生产部门的积累特别活跃，利润高于平均利润，追加资本纷纷涌来，这样，对劳动的需求和工资自然就会提高。较高的工资把较大一部分工人人口吸引到这个有利的部门，直到这里劳动力达到饱和，工资终于又下降到以前的平均水平，如果工人流入过多，甚至会降到这个水平以下。那时工人流入该生产部门的现象不仅停止，甚至还会发生流出现象。在这里，政治经济学家就以为看到了，随着工资的提高，工人人数"在何处以及如何"绝对增长，而随着工人人数的绝对增长，工资"在何处以及如何"下降；但是事实上，他所看到的，只是某一特殊生产部门的劳动市场的局部波动，他所看到的，只是工人人口按照资本的需要的变动而在各投资部门之间的分配。

产业后备军在停滞和中等繁荣时期加压力于现役劳动军，在生产过剩和亢进时期又抑制现役劳动军的要求。所以，相对过剩人口是劳动供求规律借以运动的背景。它把这个规律的作用范围限制在绝对符合资本的剥削欲和统治欲的界限之内。这里正好应该回过来谈一下经济学辩护论的一大业绩。我们记得，由于采用新机器或扩大旧机器，一部分可变资本转化为不变资本，这是"束缚"资本并从而"游离"工人的活动，而经济学辩护士却相反地把这种活动说成是为工人游离资本。只有到现在我们才能充分地评价辩护士的厚颜无耻。其实，被游离出来的，不仅有直接被机器排挤的工人，而且还有他们的代替者和企业在原有基础上实行一般扩大时通常会吸收的追加人员。现在他们全被"游离"出来，并且每一笔希望执行职能的新资本都能支配他们。不管这种资本吸引的是这些工人，还是另一些工人，只要这笔资本刚好足以从市场上雇走被机器抛到市场上的那么多工人，那么对劳动的总需求的影响就等于零。如果它雇用的人数较少，过剩的人数就会增加；如果它雇用的人数较多，劳动总需求增加的幅度也只不过等于就业的人超过"被游离的人"的那个差额。可见，寻求投资场所的追加资本本来会激起的劳动总需求的增加，在以上每一种场合都会按照工人被机器抛向街头的程度而抵消。因此，这也就是说，资本主义生产的机制安排好，不让资本的绝对增长伴有劳动总需求的相应增加。而辩护士就把这叫作对于被排挤的工人在被抛入产业后备军的过渡时期中遭受贫困、痛苦和可能死亡的一种补偿！劳动的需求同资本的增长并不是一回事，劳动的供给同工人阶级的增长也不是一回事，所以，这里不是两种彼此独立的力量互相影响。骰子是假的。资本在两方面同时起作用。它的积累一方面扩大对劳动的需求，另一方面又通过"游离"工人来扩大工人的供给，与此同时，失业工人的压力又迫使就业工人付出更多的劳动，从而在一定程度上使劳动的供给不依赖于工人的供给。劳动供求规律在这个基础上的运动成全了资本的专制。因此，一旦工人识破秘密，知道了他们为什么劳动越多，为他人生产的财富越多，他们的劳动生产力越是提高，他们连充当资本增殖手段的职能对他们来说也就越是没有保障；一旦工人发现，他们本身之间竞争的激烈程度完全取决于相对过剩人口的压力；一旦工人因此试图通过工联等等在就业工人和失业工人之间组织有计划的合作，来消除或削弱资本主义生产的那种自然规律对他们这个阶级所造成的毁灭性的后果，这时，资本和它的献媚者政治经济学家就大吵大叫起来，说这是违反了"永恒的"和所谓"神圣的"供求规律。也就是说，就业工人和失业工人之间的任何联合都会破坏这个规律的"纯粹的"作用。另一方面，例如在殖民地，一旦有不利的情况妨碍建立产业后备军，从而妨碍工人阶级绝对地隶属于资本家阶级，资本就同它的庸俗的桑乔·潘萨一道起来反叛"神圣的"供求规律,并企图用强制手段来阻碍它发挥作用。

选自《马克思恩格斯全集》第44卷,北京:人民出版社2001年版,第725—734页。

第五项
卡·马克思和弗·恩格斯
书信
1842年2月—1851年12月

第一部分
卡·马克思和弗·恩格斯之间的书信
1844年10月—1851年12月

1844年
1
恩格斯致马克思
巴黎

[1844年10月初于巴门]

亲爱的马克思:

我没有早些把我的情况告诉你,你大概感到奇怪,你这样想是有道理的。但是，我何时回去，现在还是不能确切地告诉你。我住在巴门已经三个星期了，跟少数朋友和一大家人在一起，尽可能愉快地度日，幸好家中有几个可亲的女眷。在这里根本就别想工作，尤其是，我的妹妹①和伦敦的共产主义者艾米尔·布兰克（艾韦贝克认识他）订婚，因此，现在我们家中忙乱得不可开交。此外，我清楚地知道，我要返回巴黎还会碰到很大的困难，我大概还得在德国晃荡半年或一整年。当然，我要尽一切努力避免这一点，但是你想象不到，家里为了反对我离开，提出了怎样琐碎的理由，怎样迷信的担心。

我在科伦逗留了三天，我们在那里所开展的巨大的宣传工作使我惊奇。那里人们非常活跃，但也明显地表现出缺少必要的支柱。只要我们的原则还没有从以往的世界观和以往的历史中逻辑地和历史地做为二者的必然继续在几个著作中发挥出来，人们就仍然不会真正清醒，多数人都得盲目摸索。后来，我到了杜塞尔多夫，在那里我们的人当中也有一些能干的小伙子。不过我最喜欢的是我的那些爱北斐特人，人道观念的确已经深入他们的心灵。他们认真地着手搞自己家庭秩序的革命化，只要他们的父母敢用贵族的态度对待仆役和工人，他们就要教训自己的父母，而这样的事在我们宗法的爱北斐特已经很多了。除了这一批人之外，在爱北斐特还有一批人也很好，不过有点糊涂。在巴门，警察局长是个共产主义者。前天有一个老同学、中学教员来访，尽管他从来没有跟共产主义者接触过，但他也受到强烈的感染。如

---

① 玛丽亚·恩格斯。——编者注

果我们能够直接地去影响人民,我们很快就会取得优势。但是,这几乎是不可能的,特别是我们这些著作家,必须沉静,以免被捕。不过,这里倒十分安全,只要我们沉静,就很少有人注意。我觉得,赫斯由于害怕,有点疑神疑鬼。我在这里至今没有受到丝毫惊扰,只是有一次检察长热心地向我们之中的一个人打听过我。这就是到目前为止我所知道的一切。

这里报载,普鲁士政府在巴黎控告了贝尔奈斯,他已经受到了审讯。这件事是否属实,请来信告诉我;还有,那本小册子①的情况如何,该完成了吧。关于鲍威尔弟兄,这里一无所闻,也没有任何人知道他们。相反地,对《年鉴》的需要量至今仍然很大。我的评卡莱尔的文章②,在"群众"中获得很大的成功——真是可笑!

——而关于经济学的文章③,却只有很少一些人读过。这是很自然的。

爱北斐特的牧师老爷们,特别是克鲁马赫尔,也在传教时反对我们;眼下他们还只是反对青年人的无神论。不过我确信,在此之后很快就要痛骂共产主义了。今年夏天,整个爱北斐特所议论的就只是这些不信神的人。一般来说,这里的变动是显著的。自从我离开以后,乌培河谷在各方面的进步比最近五十年都要大。社会风气文明些了,参预政治和进行反对派活动也成了普遍的现象,工业取得了巨大进步,新的街区兴建起来了,大片大片

---

① 卡·马克思和弗·恩格斯《神圣家族》。——编者注
② 弗·恩格斯《英国状况。评托马斯·卡莱尔的〈过去和现在〉》。——编者注
③ 弗·恩格斯《政治经济学批判大纲》。——编者注

的森林都被伐光，现在这里的一切可说是高于而不是低于德国文明的中等水平，而在四年前还大大低于这一水平；一句话，这里正在为我们的原则造成良好的土壤，如果我们能把我们的粗犷而热情的染色工和漂白工吸引到运动中来，那末，我们的乌培河谷还要叫你吃惊呢。近几年来，工人们已达到了旧文明的最后阶段，他们通过迅速增多的犯罪、抢劫和杀人来反对旧的社会制度。晚间，街上很不安全，资产阶级被殴打、刺杀和抢劫；如果这里的无产者按照英国无产者那样的规律发展下去，那他们不久就会明白，用这种方式，即作为个人和以暴力来反对旧社会制度是没有用的，要作为具有普遍品质的人通过共产主义来反对它。如果把道路指给他们该多好！但是这办不到。

我的弟弟正在科伦当兵。只要他不受怀疑，他那里倒是给赫斯等人写信的好地址。不过我暂时还不知道他的确切通讯处，因此也就无法告诉你了。

我写完上面几段以后，去了一下爱北斐特，又遇到几个素不相识的共产主义者。不管走到哪里，转到哪里，到处都可以碰到共产主义者。有一位热心的共产主义者，画讽刺画并开始创作历史画的美术家，他的名字叫泽耳，两个月以后将要到巴黎去。我将把跟你们接头的地点告诉他。你们大家都会喜欢他的，因为他是一个非常热情的人，爱好音乐和绘画，作为一个讽刺画家是会用得着的。可能到那时我自己也到你们那里去了，不过这一点还难以肯定。

《前进报》在这里只有几份；我已经设法让别人也订阅。让发行所把样张寄给爱北斐特的理查·罗特，小威廉·布兰克上尉，弗·维·施特吕克尔，火花街的巴伐利亚啤酒店（共产主义者聚会的小酒铺）老板迈耶尔——全都包装好，通过那里的共产主义者书商贝德克尔寄往各处。当这些人看见报纸到达，他们是会成为经常订户的。杜塞尔多夫方面可寄给医学博士威·弥勒；科伦方面，我看可寄给医学博士德斯特尔，啤酒店老板勒耳兴，你的内弟等人。当然，全都要通过书商并包装好。

你要设法赶快把你所收集的材料发表出来。早就是这样做的时候了。我也要把工作加紧干起来，今天就要重新开始写作。关于共产主义实际上能否实行的问题，所有德国人都还不清楚。为了消除这种陈腐之见，我将写一本小册子，说明在这方面实际上已经做了什么，并通俗地叙述共产主义在英国和美国的当前实践。这将占用我三天左右的时间，但是这对于向我们的人说明问题有很大帮助。这一点我在和本地人谈话时已觉察到了。

总之，应该加紧工作，赶快出版！替我问候艾韦贝克、巴枯宁、盖里埃等人，还有你的夫人，并快点来信告知一切。此信到时如未被拆开，那就请按"爱北斐特弗·维·施特吕克尔公司"这一地址寄信，信封上尽可能用商人的字体书写；否则，就按我留给艾韦贝克的地址之一寄信。我很想知道，我这封具有纯粹女士外表的信能否骗得过把守邮局的狗东西。

好吧！祝你健康，亲爱的卡尔，望马上回信。我还从来没有一次象在你家里度过的十天那样感到心情愉快，感到自己真正是人。

至于拟创办的事业，我还没有机会采取任何步骤。

选自《马克思恩格斯全集》第27卷，北京：人民出版社1972年版，第5—9页。

第六项
卡·马克思和弗·恩格斯
书信
1860年1月—1864年9月

第一部分
卡·马克思和弗·恩格斯之间的书信
1860年1月—1864年9月

1862年

153
马克思致恩格斯
曼彻斯特

1862年8月9日［于伦敦］

亲爱的恩格斯：

伊威希打算到1月1日才付那十五英镑。

我去过波克罕那里。你必须开出一张拉萨尔名下的四百塔勒的期票（关于拉萨尔，即他要付的那十五英镑，我当然没有同波克罕谈起）。期限是三个月。以后这张期票再延期，因为我对波克罕说，1月1日我才付款。（这是拉萨尔定的期限。）

主要的是你要把这张期票寄给波克罕。

至于地租理论，我自然首先应当等待你的来信。但是，为了使"辩论"（亨利希·毕尔格尔斯会这样说）简单些，说明以下几点：

一、我必须从理论上证明的唯一的一点，是绝对地租在不违反价值规律的情况下的可能性。这是从重农学派起直到现在的理论论战的中心点。李嘉图否认这种可能性；我断定有这种可能性。同时我还断定，他否认这种可能性，是基于一种理论上错误的、从亚·斯密那里继承下来的教条，即假设商品的费用价格和价值是同一的。此外，我还断定，当李嘉图举例说明这个问题时，他总是以或者不存在资本主义生产，或者（事实上或法律上）不存在土地私有制为前提。而问题正是要在这些东西存在的条件下来研究这个规律。

二、至于绝对地租存在的问题，那末这是每个国家都应当从统计上来解决的问题。但是纯粹从理论上来解决问题的重要性，是由下列情况产生的：三十五年来统计学家和实践家全都坚持说有绝对地租存在，而（李嘉图派的）理论家则企图通过非常粗暴的和理论上软弱的抽象来否认绝对地租的存在。直到现在，我始终确信，在所有这一类争论中，理论家总是不对的。

三、我证明，即使假定绝对地租存在，也决不能由此得出结论说，在任何情况下最坏的耕地或最坏的矿山也都是支付地租的；相反地，很可能它们不得不把自己的产品按市场价值、但低于其个别价值出售。李嘉图为了证明相反的主张，总是假定（这在理论上是错误的），不管市场条件怎样，在最不利的条件下生产出来的商品始终决定市场价值。你早在《德法年鉴》中就已经正确地对这一点反驳过。①

以上是对地租问题的补充。

至于布罗克豪斯，拉萨尔答应尽力而为，这我是相信的，因为他郑重地宣称，只有在我的著作出版以后，他才发表或从事他的政治经济学巨著，——发表或从事对他说来是一回事。

祝好。

你的　卡·马·

波克罕另外还说：

你应当开一张拉萨尔名下的为期三个月的四百塔勒期票，并在到期前两星期把期票延期到1863年1月1日。如果你不能分批偿付，波克罕就会设法让拉萨尔在第一次到期时能得到款子。至于《晚邮报》，如果你为我拟一封信，那就好了，因为我用实用英语写东西还很不行。

选自《马克思恩格斯全集》第30卷，北京：人民出版社1975年版，第275—277页。

---

① 弗·恩格斯《政治经济学批判大纲》。——编者注

第七项
卡·马克思和弗·恩格斯
书信
1868年1月—1870年7月中

第一部分
卡·马克思和弗·恩格斯之间的书信
1868年1月—1870年7月中

1868年

5
马克思致恩格斯
曼彻斯特

1868年1月8日〔于伦敦〕

亲爱的弗雷德：

关于杜林。他几乎完全接受了《原始积累》这一章，这对他来说已经很不容易了。他还年轻。作为凯里的信徒，他是直接反对自由贸易派的。此外，他还是讲师，所以妨碍他们这些人的前程的罗雪尔教授挨了脚踢,他并不伤心。他的评论中有一点特别引起我的注意。这就是:当劳动时间决定价值这一点象在李嘉图本人那里一样还"不明确"的时候,它并没有引起这些人不安。但是,一旦把它同劳动日和劳动日的变化正确地联系起来时,他们就感觉到这种说明是新的和非常令人不愉快的了。我相信,杜林是由于恼恨罗雪尔才来评论这部书的。他害怕自己也陷入罗雪尔的处境的那种心情的确是十分明显的。奇怪的是,这个家伙并没有觉察到这部书中的三个崭新的因素:

(1) 过去的一切经济学一开始就把表现为地租、利润、利息等固定形式的剩余价值特殊部分当作已知的东西来加以研究,与此相反,我首先研究剩余价值的一般形式,在这种形式中所有这一切都还没有区分开来,可以说还处于融合状态中。

(2) 经济学家们毫无例外地都忽略了这样一个简单的事实:

既然商品有二重性——使用价值和交换价值,那末,体现在商品中的劳动也必然具有二重性,而象斯密、李嘉图等人那样只是单纯地分析劳动,就必然处处都碰到不能解释的现象。实际上,这就是批判地理解问题的全部秘密。

(3) 工资第一次被描写为隐藏在它后面的一种关系的不合理的表现形式,这一点通过工资的两种形式即计时工资和计件工资得到了确切的说明。(在高等数学中常常可以找到这样的公式,这对我很有帮助。)

至于说到杜林先生对价值规定所提出的温和的反对意见,那末,他在第二卷中将会惊奇地看到:"直接的"价值规定在资产阶级社会中的作用是多么小。实际上,没有一种社会形态能够阻止社会所支配的劳动时间以这种或那种方式调整生产。但是，只要这种调整不是通过社会对自己的劳动时间所进行的直接的自觉的控制——这只有在公有制之下才有可能——来实现，而是通过商品价格的变动来实现，那末事情就始终象你在《德法年鉴》中已经十分正确地说过的那样①。

关于维也纳。我把各种维也纳报纸寄给你（《新维也纳日报》是波克罕的，应退还我。其余存你处），你可以从里面看出两件事：第一，维也纳出现了复苏局面，目前作为销售地点是多么重要；第二，应该给那儿写些什么。我找不到李希特尔教授的地址。你也许有李卜克内西提到这个地址的信。没有，你就给他写封信，让他告诉你，你再把文章直接寄给李希特尔，不要由李卜克内西代转。我觉得，小威廉并不完全是诚心诚意的。他（在他身上我不得不花那么多时间来纠正他在奥格斯堡《总汇报》和其他地方干下的蠢事）至今还不找时间公开提一提哪怕是我那本书的书名或我的名字！他对《未来报》事件不闻不问，就是为了不致陷入有损他个人威信的窘境。他连在他朋友倍倍尔直接控制下出版的工人报纸（《德意志工人俱乐部》，曼海姆出版）上哪怕是说一句临终之言的工夫也没有！简单地说，如果我的书不是完全被置之不理，那末，这肯定不怪小威廉。首先他没有读过这本书（虽然他在给小燕妮的信中嘲笑主张要介绍一本书，必须读懂这本书的李希特尔），其次，在他读过或者只是佯言读过之后，他没有时间。但是，我从波克罕那里为他弄到一笔津贴以后，他却

---

① 弗·恩格斯《政治经济学批判大纲》。——编者注

有时间给波克罕一星期写两次信；我把经我介绍从施特龙那里弄到的一笔钱转寄给了他，他却不把这笔钱的股票寄给施特龙，而要施特龙的地址，以便能够直接和他联系，背着我去行诈，并象对待波克罕一样，向施特龙抛出一封又一封信件！简单地说，小威廉是想故作姿态，而最主要的是想让公众不要把注意力从他小威廉身上转移。要做到恰到好处，只当没有这回事，但对他仍须当心。至于他应约赴奥，在成行之前，不要相信。其次，他真要去，我们也不劝阻，如有必要，就只向他提一下在他搬到布拉斯《北德报》时我说过的话，就是：如果他再损害自己的声誉，必要时就公开宣布不同意他的言行。这一点在他动身去柏林时我向他说过，有人为证。

我认为，你也可以把文章直接寄给《新自由报》（维也纳），现将该报寄上一份。该报现在的所有人之一是麦克斯·弗里德兰德博士（拉萨尔的表兄弟和死对头），就是我在一段长时间内为维也纳老《新闻报》和《奥得报》写通讯稿交给他的那个人。

最后，至于《国际评论》，福克斯（一家英国报纸派他到维也纳了解情况并建立联系）前几天从维也纳来信要我写一封致阿尔诺德·希耳堡的介绍信。我把他要的信寄去了，同时在这封信中向这位希耳堡说明，种种情况妨碍了我们写作，但今年我们会写些东西的，等等。

关于《双周评论》。秘密领导此杂志的三执政之一的比斯利教授曾对他的至友拉法格（他经常被请到他家吃饭）说，他内心深信（而这完全取决于他！），书评会登出来的。那就让拉法格把书评交给他本人吧。

关于皮阿。在今天的《泰晤士报》上你将看到皮阿寄到编辑部的（四个星期前发表的）有关芬尼亚运动的《法国民主主义者的呼吁书》。事情是这样的。法国政府把国际协会当作"非法社团"加以迫害（从搜查我们的驻巴黎通讯员开始）。法国政府也可能把我们的杜邦写的有关芬尼亚运动的一些信件转给英国政府了。皮阿先生一向叫嚷我们的协会是不革命的，是波拿巴主义的等等，他担心事情发生这种变化，甚至企图赶紧假装成他也在参与此事并"推动"此事。

关于贝奈德克——这一册报告我能不能用几天？你有两次表现出你是预言家：一次是在战术问题上（塞瓦斯托波尔事件），另一次是在战略问题上（普奥战争）。但是甚至最聪明的人也不能预见到人们可能干的一切蠢事。

关于痈。我请教过医生。没有什么新招儿。这些先生们所说的可归结如下：要按照他们的处方生活，那就必须是个食利者，而不是我这样一个穷得象教堂里的老鼠的人。如果你见到龚佩尔特，可以告诉他，我（就在写信的这会儿）感觉全身，也就是血液里，象针刺似的发痒。我觉得我今年还没有完全摆脱这种状况。

问候白恩士女士。

祝好。

你的　**摩尔**

选自《马克思恩格斯全集》第32卷，北京：人民出版社1974年版，第11—15页。

第八项
弗·恩格斯的书信
1883年4月—1887年12月

1884年

90
致叶甫盖尼娅·埃杜阿尔多夫娜·帕普利茨
伦敦

1884年6月26日于[伦敦]
西北区瑞琴特公园路122号

夫人：

您说的那种石印刊物，我已听说了，不过我还一本也没有见过。

我觉得，您对您的同胞有点不公平。我们两个人，马克思和我，是不可能埋怨他们的。如果说某些学派曾经多半是由于他们的革命热情而不是由于科学研究而引人注目，如果说过去和现在在某些方面还彷徨徘徊，那末另一方面，在纯粹理论领域里也出现过一种批判思想和奋不顾身的探讨，这是无愧于产生过杜勃罗留波夫和车尔尼雪夫斯基的民族的。我指的不仅是参加实践的革命的社会主义者，而且是俄罗斯文学方面的那个历史的和批判的学派，这个学派比德国和法国官方历史科学在这方面所创建的一切都要高明得多。甚至在参加实践的革命者当中，我们的思想和马克思根本改造过的经济科学也总是得到人们的理解和同情。您必定知道，不久前我们的一些著作已被译成俄文出版，其他一些著作（包括马克思的《哲学的贫困》）也将很快出版。马克思在1848年以前写的小册子《雇佣劳动与资本》也包括在这一批著作里面，并且是用这个书名出版的。

您认为把我那本《大纲》①翻译过去是有益的，这使我感到非常荣幸。虽然我至今对自己的这第一本社会科学方面的著作还有点自豪，但是我清楚地知道，它现在已经完全陈旧了，不仅缺点很多，而且错误也很多。我担心，它引起的误解会比带来的好处多。

《在科学中实行的变革》②一本，现邮寄给您。

至于我们过去在报纸上发表的那些文章，现在难以找到了。其中大部分现在已经失去现实意义。在马克思遗稿出版以后，我有了充分的空闲时间，就准备把这些文章编成文集，加上注释等等，予以出版。但这是将来的事情。

我不太清楚，您说的是给英国工人的哪一个宣言。也许，您指的是《法兰西内战》，即国际关于巴黎公社的宣言？这我可以寄给您。

如果我的健康状况许可的话，我将请求允许我去拜访您。虽然我在家里感觉还好，但是很遗憾，在城里走走是被禁止的。如

---

① 弗·恩格斯《政治经济学批判大纲》。——编者注
② 弗·恩格斯《反杜林论》。——编者注

果您能光临我处,我晚上七八点钟左右都可以奉陪。

夫人,请接受我的深切的敬意。

永远是您的　弗·恩格斯

选自《马克思恩格斯全集》第36卷,北京:人民出版社1975年版,第171—172页。

第九项
卡·马克思
1844年1月—8月

弗里德里希·恩格斯《国民经济学批判大纲》一文摘要

私有制。它的最初的结果:商业:和一切活动一样,是商人收入的直接泉源。因商业而形成的第一个范畴:价值。抽象的实际价值和交换价值。萨伊认为决定实际价值的是效用,李嘉图和穆勒①则认为是生产费用。在英国人那里,同生产费用相对,竞争表现效用,在萨伊那里,竞争则表现生产费用。价值是生产费用对效用的关系。价值首先是用来解决是否应该生产,即效用是否能抵偿生产费用的问题。价值这个概念实际上只用于解决生产

---

① 在恩格斯的文章中是:麦克库洛赫。——编者注

的问题。实际价值和交换价值间的差别就在于人们在买卖中给予的等价物不是等价物。价格——生产费用和竞争的关系。只有能够垄断的东西才有价格。李嘉图的地租定义是不正确的，因为它假定，需求一减少，马上就影响到地租，并且立刻就使相当数量的最劣等的耕地停止耕种。这是不正确的。这个定义忽略了竞争，而斯密的定义不包括肥沃程度。地租是土地的肥力和竞争之间的关系。土地的价值应当依据面积相等的土地在劳动量相等的条件下所具有的生产能力来计算。

资本和劳动的分离。资本和利润的分离。利润分为利润本身和利息……利润是资本用来衡量生产费用的砝码，是资本所固有的，而资本又还原为劳动。劳动和工资的分离。工资的意义。劳动对确定生产费用的意义。土地和人的分裂。人的劳动分为劳动和资本。

选自《马克思恩格斯全集》第42卷，北京：人民出版社1979年版，第1—4页。

第十项
1844年经济学哲学手稿

[XXXIX]
序言

我在《德法年鉴》上曾预告要以黑格尔法哲学批判的形式对

法学和国家学进行批判。在加工整理准备付印的时候发现，把仅仅针对思辨的批判同针对各种不同材料本身的批判混在一起，十分不妥，这样会妨碍阐述，增加理解的困难。此外，由于需要探讨的题目丰富多样，只有采用完全是格言式的叙述，才能把全部材料压缩在一本著作中，而这种格言式的叙述又会造成任意制造体系的外表。因此，我打算连续用不同的单独小册子来批判法、道德、政治等等，最后再以一本专著来说明整体的联系、各部分的关系并对这一切材料的思辨加工进行批判。由于这个理由，在本著作中谈到的国民经济学同国家、法、道德、市民生活等等的关系，只限于国民经济学本身所专门涉及的范围。

我用不着向熟悉国民经济学的读者保证，我的结论是通过完全经验的以对国民经济学进行认真的批判研究为基础的分析得出的。

//与此相反，不学无术的评论家①则企图用"乌托邦的词句"，或"完全纯粹的、完全决定性的、完全批判的批判"、"不单单是法的，而且是社会的、完全社会的社会"、"密集的大批群众"、"代大批群众发言的发言人"等等一类空话，来非难实证的批判者，以掩饰自己的极端无知和思想贫乏。这个评论家还应当首先提供证据，证明他除了神学的家务以外还有权过问世俗的事务。//②

不消说，除了法国和英国的社会主义者的著作以外，我也利用了德国社会主义者的著作。但是德国人在这门科学方面内容丰

---

① 指布·鲍威尔。——编者注
② 双斜线////中的话在手稿中已经划掉。——编者注

富而有独创性的著作,除去魏特林的著作以外,就要算《二十一印张》文集中赫斯的几篇论文和《德法年鉴》上恩格斯的《国民经济学批判大纲》;在《德法年鉴》上,我也十分概括地提到过本著作的要点。

//除了这些批判地研究国民经济学的作家以外,整个实证的批判,从而德国人对国民经济学的实证的批判,全靠费尔巴哈的发现给它打下真正的基础。但是,一些人出于狭隘的忌妒,另一些人则出于真实的愤怒,对费尔巴哈的《未来哲学》和《轶文集》中的《哲学改革纲要》——尽管这两部著作被悄悄地利用着——可以说策划了一个旨在埋没这两部著作的真正阴谋。//

只是从费尔巴哈才开始了实证的人道主义的和自然主义的批判。费尔巴哈越不喧嚷,他的著作的影响就越扎实、深刻、广泛而持久;费尔巴哈著作是继黑格尔的《现象学》和《逻辑学》以后包含着真正理论革命的唯一著作。

同当代批判的神学家相反,我认为,本著作的最后一章,即对黑格尔的辩证法和整个哲学的剖析,是完全必要的,因为[XL]这样的工作还没有完成——不彻底性是必然的,因为批判的神学家毕竟还是神学家,就是说,他或者不得不从作为权威的哲学的一定前提出发,或者在批判的过程中以及由于别人的发现而对这些哲学前提发生怀疑,于是就怯懦地、不适当地抛弃、撇开这些前提,而且仅仅以一种消极的、无意识的、诡辩的方式来表现他对这些前提的屈从和对这种屈从的恼恨。

//他是这样消极而无意识地表现的:一方面,他不断反复保证他自己的批判的纯粹性,另一方面,为了使读者和他自己不去注意批判和它的诞生地——黑格尔的辩证法和整个德国哲学——之间必要的辩论，不去注意现代批判必须克服它自身的局限性和自发性，他反而企图造成一种假象，似乎批判只同它之外某种狭隘的批判形式（比如说，十八世纪的批判形式）以及同群众的局限性有关。最后，当关于他自己的哲学前提的本质的发现——如费尔巴哈的发现——被作出时，批判的神学家一方面制造一种似乎这些发现正是他自己作出的假象，而且他是这样来制造这种假象的：他由于不能阐发这些发现的成果，就把这些成果以口号的形式抛给那些还处于哲学束缚下的作家；另一方面，他深信他的水平甚至超过这些发现，就以一种诡秘的、阴险的、怀疑的方式，搬弄黑格尔辩证法诸要素来反对费尔巴哈对黑格尔辩证法的批判。这些要素是他在这种批判中还没有发现的，而且还没有以经过批判改造的形式提供给他使用。他自己既不打算也无力使这些要素同批判正确地联系起来，他只是神秘地以黑格尔辩证法所固有的形式搬弄这些要素。例如，他提出间接证明这一范畴来反对从自身开始的实证真理这一范畴。神学的批判家认为，从哲学方面应当作出一切来使他能够侈谈纯粹性、决定性以及完全批判的批判，是十分自然的；而当他感觉到例如黑格尔的某一因素为费尔巴哈缺少时，他就自诩为真正克服哲学的人，因为，神学的批判家尽管如此沉湎于对"自我意识"和"精神"的唯灵论的偶像崇拜，却终究没有超出感觉而达到意识。//

　　仔细考察起来，在运动之初曾是一个真正进步因素的神学的批判，归根到底不外是旧哲学、特别是黑格尔的超验性被歪曲为神学漫画的顶点和结果。历史现在仍然指派神学这个历来的哲学的溃烂区去显示哲学的消极分解,即哲学的腐性分化过程。关于这个饶有兴味的历史的判决,这个历史的涅墨西斯①,我将在另一个地方加以详细的论证。

//相反,费尔巴哈的关于哲学的本质的发现,究竟在什么程度上仍然——至少为了证明这些发现——使得对哲学辩证法的批判分析成为必要,读者从我的论述本身就可以看清楚。// [XL]

选自《马克思恩格斯全集》第42卷,北京:人民出版社1979年版,第43—48页。

第十一项
卡·马克思
经济学手稿
(1861—1863年)
资本的生产过程

第一篇
资本的生产过程

(b) 由价值的本性产生的困难等等

[I—7] 我们首先对资本在它能被直接看到的或表现出来的

---

① 涅墨西斯是古希腊神话中的报复女神。——译者注

形式上作了考察。但是不难看出，G—W—G 这一形式——重新进入流通，在流通中自行保存和增殖的价值的形式——似乎与货币、商品、价值以及流通本身的性质是完全不相容的。

在流通中，商品时而表现为商品，时而表现为货币，这种流通过程显示出商品的形式变换；商品的交换价值借以表现的形式在变换，但是，这个交换价值本身仍然不变。商品的价值量没有变化，并没有受到这种形式变换的影响。商品（比如 1 吨铁）的交换价值，商品所包含的劳动时间，以商品的价格来表示，例如是 3 镑。如果现在把它出售，它就转化为 3 镑，即转化为由它的价格所表示的货币量，这个货币量包含着同样多的劳动时间。它现在不再作为商品而是作为货币即独立的交换价值而存在。无论在哪种形式上，价值量都保持不变。改变了的只是同一个交换价值的存在形式。形成流通过程的商品形式变换即买和卖，其本身与商品的价值量没有任何关系。相反，商品的价值量在流通以前就是既定的量。货币形式只是商品本身的另一种形式而已，在这种形式中，商品的交换价值所发生的变化，只是它现在以它的独立形式出现。

但是，在 W—G—W（为买而卖）的流通中彼此对立的只是商品所有者，其中一个商品所有者占有原来形态的商品，另一个商品所有者占有已经转化为货币形态的商品。如同 W—G—W 的流通一样，G—W—G 的流通也只包含卖和买这两个行为。前一种流通由卖开始，以买结束；后一种流通由买开始，以卖结束。只要单独考察一下这两个交换行为中的任何一个行为，就能够看到，这种顺序丝毫也不会改变这个行为的性质。我们所称的资本，在第一个行为（G—W）中作为货币而存在，在第二个行为（W—G）中作为商品而存在，因而它在这两个行为中只起着货币和商品的作用。资本在前一行为中是作为买者即货币所有者与另一个商品所有者相对立，而在后一行为中是作为卖者即商品所有者。假定由于某种无法说明的情况，买者有可能买得比较便宜，也就是说，他低于商品的价值买进，而按照商品的价值或者高于商品的价值出售，那么，虽然我们的资本家在第一个行为（G—W）中是买者，因此他低于商品的价值购买，但是在第二个行为（W—G）中他是卖者，又有另一个商品所有者作为买者与他相对立，这个买者也享有这种特权，可以低于商品的价值向他购买商品。资本家一只手得到的，又从另一只手里失掉了。另一方面，假定资本家高于商品的价值出售，这是卖者享有的特权，那么，在第一个行为中，也就是在自己为了再次卖出商品而得到商品之前，与他相对立的另一个卖者已经把商品以高价卖给他了。如果大家都把商品贵卖10%，也就是超过商品价值10%，——这里只有商品所有者互相对立，不论他们是以商品形式还是以货币形式占有他们的商品；更确切地说，他们每人都是交替地以这种或那种形式占有商品，——那么，这与他们互相把商品按其实际价值出售完全一样。如果大家比如都低于10%的商品价值购买商品，结果也是这样。

单纯从商品的使用价值来看，显然，双方通过交换都能得到好处。[I—8] 在这个意义上可以说，

"交换是双方都得到好处的交易"。（见德斯杜特·德·

特拉西《思想的要素》，第4、5部分《论意志及其作用》1826年巴黎版第68页，书中说道："交换是一种奇妙的交易，交换双方总是得到好处。"）

如果整个流通只是商品与商品相交换的中介运动，那么，每一方让渡的商品是他不需要的使用价值，而得到的商品是他需要的使用价值。因此，双方在这个过程中都得到好处，并且正是因为他们双方都能在其中得到好处，他们才参加这一过程。此外，出售铁并购买谷物的A，在一定的劳动时间内生产的铁，可能要比农民B生产的铁更多，而农民B在同样的劳动时间内，可能要比A生产出更多的谷物。可见，通过交换（不管交换是否通过货币来进行），与不通过交换相比，用同样的交换价值，A能得到更多的谷物，B能得到更多的铁。因此，就铁和谷物作为使用价值来看，双方通过交换都得到了好处。从这两个交换行为即买和卖中的任何一个行为本身来看，就使用价值而言，双方也有好处。把他的商品转化为货币的卖者所以得到好处，是由于他现在才占有了具有一般交换形式的商品，因而商品对他来说才成了一般的交换手段。把他的货币转化为商品的买者所以得到好处，是由于他已把货币由这种只为流通所需要而无其他用处的形式转化为他自己的使用价值。因此，一点也不难理解，就使用价值而言，双方在交换中都能得到好处。

但是，交换价值却完全是另一回事。这里正好相反：

"在平等的地方，没有利益可言。"（加利阿尼《货币

论》，载于库斯托第编《意大利政治经济学名家文集》现代部分，1803年米兰版第4卷第244页）

很明显，如果A和B交换等价物，交换等量的交换价值或物化劳动时间，那么，无论等价物是货币形式还是商品形式，A和B双方从交换中得到的交换价值与他们投入的交换价值相等。如果A按商品的价值出售他的商品，那么，他现在以货币形式所占有的就是他过去以商品形式占有的同量物化劳动时间（或者是一个支取同量物化劳动时间的凭证，实际上，对他来说，这是一样的），也就是同一个交换价值。至于用货币购买商品的B，反过来说也是这样。他现在以商品形式所占有的就是他过去以货币形式所占有的同一个交换价值。这两个交换价值的总额仍然不变，同样，它们各自所具有的交换价值也不变。A不可能同时以低于商品的价值向B购买商品，从而以商品收回大于他以货币付给B的交换价值，B也不可能同时以高于商品的［价值］出售商品，从而以货币形式从A那里得到大于他以商品形式给予A的交换价值。

（"在B以同一数量的谷物从A那里得到更多麻布的时候，A不可能以同一数量的麻布从B那里得到更多的谷物。"（《对价值的本质、尺度和原因的批判研究》1825年伦敦版［第65页］）

这部匿名著作的作者是贝利。)①

诚然，有可能一个人所失去的是另一个人所得到的，因而两个交换者交换的是非等价物；也就是说，一个人从交换中取得的交换价值比他投入的交换价值大，而且大的程度正好是另一个人从交换中取得的交换价值比他投入的交换价值小的程度。假定100磅棉花的价值是100先令。如果现在A把150磅棉花以100先令卖给B，这样，B就赚了50先令，但这只是因为A失去了50先令。

[I—9]如果价格是150先令的150磅棉花（价格在这里只是用货币表示或衡量的棉花的价值）按100先令出售，那么，这两个价值的总额在出售前后都是250先令。所以存在于流通中的价值的总额没有增加，没有增殖，没有创造出剩余价值，而是仍然不变。在交换中或者说通过卖，只是在作为交换的前提、先于交换并且不依赖于交换而存在的价值的分配上发生了变化。50先令由一方转到了另一方。因此，很显然，不论是这一方或另一方，是买者一方，还是卖者一方，进行了欺诈，处于流通中的交换价值（不论它是以商品形式还是以货币形式存在）的总额没有增加，而只是交换价值在不同商品所有者之间的分配发生了变化。假定在上述例子中，A把价值150先令的150磅棉花以100先令卖给B，B又把这些棉花以150先令卖给C，这样，B就赚了50先令，或者说，似乎他的100先令的价值创造了150先令的价

---

① 各种商品按照它们的价值进行交换，或者——就流通过程中所发生的交换的特殊形式来看——进行买卖，这种情况只是表示，等价物即相等的价值量互相交换、互相代替，也就是说，商品以这样的关系进行交换：这些商品的使用价值都耗费了同样多的劳动时间，都是同样大小的劳动量的存在。

值。但实际上交易后同交易前的情况是一样的：A 具有 100 先令，B 具有 150 先令，C 具有价值 150 先令的商品，共计 400 先令。原来的情况是：A 具有价值 150 先令的商品，B 具有 100 先令，C 具有 150 先令，共计 400 先令。只是 400 先令在 A、B 和 C 之间的分配上发生了变化，50 先令从 A 的钱袋转到了 B 的钱袋里，因此 A 所亏损的正好等于 B 所赢得的。凡是适用于一次卖和一次买的情况，也适用于所有卖和买的总和，简言之，也适用于在某一时期内一切商品所有者之间所发生的一切商品的总流通。一个或一部分商品所有者通过欺骗另一部分人而从流通中取得的剩余价值，可以准确地用另一部分人从流通中所取得的不足价值来计算。一些人从流通中取得比他投入的价值较大的价值，只是由于另一些人取得了较小的价值，也就是说，他们最初投入的价值丧失了一部分。由于这个原因，现有的价值总额并没有改变，只是价值的分配改变了。

　　("两个相等的价值相交换，既不增大也不减少社会上现有价值的量。两个不相等的价值相交换……同样也改变不了社会上的价值总额，因为它给这一个人增添的财富，是它从另一个人手中取走的财富。"(让·巴·萨伊《论政治经济学》1817 年巴黎第 3 版第 2 卷第 443—444 页))

　　我们就拿某个国家的所有资本家和他们在一年内所进行的买和卖的总和来说，虽然某一个人可能欺骗了另一个人，因而从流通中取得了比他投入的价值更大的价值，但是，流通中的资本价值总额不会因这一活动而有丝毫增加。换句话说，整个资本家阶级作为一个阶级不可能因为一个人得到了另一个人所失去的东西而发财致富，使他们的总资本增大，或者说，产生出剩余价值。整个阶级是不能自己欺骗自己的。流通中的资本的总额不可能因资本的个别组成部分在其所有者中间进行不同的分配而增大。由此可见，这类活动不管你打算进行多少次，也绝不会使价值总额增大，不会产生新的价值或剩余价值，或者说，不会使流通中的全部资本产生利润。

等价物相交换，实际上无非就是商品按它们的交换价值进行交换，按它们的交换价值购买、出售和重新购买。

"等价物实际上就是在别种商品的使用价值上表现出来的某种商品的交换价值。"（第1册第15页）

但交换一发展成为流通的形式，商品就在价格上表示它的货币（充当价值尺度从而充当货币的商品的材料）形式的交换价值。商品的价格就是以货币表现的它的交换价值。因此，商品出售而取得货币形式的等价物，这无非就是说，商品是按它的价格即按它的价值出售的。同样，购买时的情况也是这样，货币是按商品的价格即用相应的货币额来购买商品的。

[I—10] 商品和等价物相交换这一前提，也就是商品按照它们的价值相交换，按照它们的价值进行买和卖。

由此可以得出两个结论：

第一，如果商品按它们的价值购买和出售，那么，这就是等价物相交换。从一个人手里投入流通的价值，又从流通中返回到同一个人手里。因而，价值没有增大，它根本没有受交换行为的影响。所以，只要商品是按它的价值买卖的，资本这一在流通中并通过流通增殖的即增大的价值，创造剩余价值的价值，就不可能产生。

第二，但如果商品不是按它们的价值买卖的，那么，这只有在这个时候才有可能——非等价物只有在这样的情况下才能进行交换：一方欺骗另一方，即一方在交换中比他投入的价值多得到的，正好是另一方比他投入的价值少得到的。因此，所交换的价值总额仍然不变，从而交换的结果并没有产生任何新的价值。A 有 100 磅棉花价值 100 先令，B 用 50 先令买了这些棉花。B 所以得到 50 先令的好处，是因为 A 损失了 50 先令。价值额在交换以前是 150 先令。在交换以后它还是这么多。只是 B 在交换前占有这个总额的 1/3，在交换后占有 2/3，而 A 在交换前占有 2/3，交换后却只占 1/3 了。可见，只是在 150 先令价值额的分配上发生了变化。价值额本身仍然不变。

照这样看来，资本这个自行增殖的价值，作为财富的一般形式，如同在第一种情况下一样，仍然不可能产生。因为，一方的价值增大，另一方的价值相应地减少了，因此价值本身并没有增大。一方的价值所以在流通中增大，只是因为另一方的价值在流通中减少了，也就是说，在流通中连自身都没有保存下来。

因此，很明显，交换本身无论是直接的物物交换形式还是流通形式，都没有使投入流通的价值发生变化，没有添加任何价值。

"交换不会给产品以任何价值。"（弗·威兰德《政治经济学原理》1843年波士顿版第169页）

然而，甚至在某些著名的现代经济学家的著作中也可以看到，剩余价值竟被荒谬地解释成是由贵卖贱买产生的。例如托伦斯先生说：

"有效的需求在于，消费者通过直接的或间接的交换能够和愿意付给商品的部分，大于生产它们时所耗费的资本的一切组成部分。"（托伦斯《论财富的生产》1821年伦敦版第349页）

这里出现在我们面前的只有卖者和买者。至于说只有商品所有者（卖者）生产商品，而另一个人即买者（可是他的货币也必然是通过出售商品而取得的，是商品的转化形式）是为了消费而取得商品的，是作为消费者取得商品的，这也丝毫不会改变这样的关系。买者总是代表使用价值。如果把这句话归结到它的本质的内容，抛开它的偶然的外衣，那么，它无非是说，所有的买者都高于商品的价值购买商品，因而所有的卖者都高于商品的价值出售商品，而买者总是低于他的货币的价值购买的。把生产者和消费者扯进来也不会改变问题的本质，因为，在交换行为中他们不是作为消费者和生产者互相对立，而是作为卖者和买者互相对立。但是，在各个人只是作为商品所有者进行交换时，每一个人必须既是生产者，又是消费者，只有当彼者时，才能当此者，每一个人作为买者都会失去他作为卖者所赢得的东西。

由此可见，一方面如果说剩余价值（这里我们还可以把任何一种形式的盈利都称为剩余价值）应该来自交换，那么，另一方面，剩余价值必定是通过某种行为在交换之前就已经存在了，虽然，这种行为在 G—W—G 公式中不可能看到，不可能了解。

"在通常的市场条件下，利润〈这是剩余价值的一种特殊形式〉不是由交换产生的。如果利润不是先前就已存在，那么，在这种交易以后也不会有。"（乔·拉姆赛《论财富的分配》1836年爱丁堡版第 184 页）

拉姆赛还说：

"利润由消费者支付这种想法显然是十分荒谬的。消费者又是谁呢？"等等。（第 183 页）

这里互相对立的只有商品所有者，其中每一个人既是消费者，又是生产者，只有当彼者时，才能当此者。但是，如果我们先设想有这样一些阶级，他们只消费 [I—11] 而不生产，那么，他们的财富只能是生产者的一部分商品。因此，价值所以增大的原因不可能是：有白白地得到价值的阶级，他们在这些价值的再交换中受了骗（见马尔萨斯的论述）。剩余价值或自行增殖的价值不会从交换中、从流通中产生。另一方面，本身产生价值的价值只能是交换的产物，流通的产物，因为，价值只有在交换中才能起交换价值的作用。如果价值本身被孤立起来，那么，它就成了贮藏货币，而它作为贮藏货币，既没有充当使用价值，同样也没有增殖。

或者也许有人会说，货币所有者购买商品，但对它进行了加工，即生产地应用它，从而在它上面追加了价值，然后重新把它出售，所以，剩余价值完全是由他的劳动产生的。价值似乎本身并没有发挥作用，没有增殖。货币所有者所以获得更大的价值，并不是因为他有价值；而是由于他追加了劳动，使价值增加了。

因此，研究剩余价值如何产生的问题，从重农学派直到现代都是政治经济学上的最重要的问题。实际上这个问题就是：货币（或者商品，因为货币就是商品的转化形式）即某一价值额是怎样转化为资本的，资本是怎样产生的。

在任何情况下，如果资本是财富的特殊形式，是价值的指数，那么，这种形式就必须在等价物相交换，也就是说商品按其价值即按其所包含的劳动时间出售的基础上得到发展。另一方面，这看来是不可能的。如果在 G—W—G 过程中，G—W 的行为和 W—G 都是等价物相交换，那么，从交换过程中出来的货币怎么会多于进入这个过程的货币呢？

这个问题即问题的条件中所包含的显而易见的矛盾促使富兰克林这样说道：

"只有三种方法可使国家财富增长。第一种是通过战争，这是掠夺；第二种是通过商业，这是欺骗；而第三种是通过农业，这才是唯一正当体面的方法。"（斯巴克斯编《富兰克林全集》1836 年波士顿版第 2 卷《关于国民财富的有待研究的几个问题》第 376 页）

这里已经可以看出，为什么在这里谈到资本本身时根本没有考虑到资本的两种形式①，——两种职能的资本，根据它在这种或那种形式中执行职能，它就表现为一种特殊的资本，——这两种形式虽然最符合于资本的普通观念，而且也是历史上最古老的资本存在形式，但相反地却必须放到以后作为资本的派生形式来加以阐述。

G—W—G 的运动在真正的商业资本中表现得最明显。因此，很早以来，人们就注意到，投入流通的价值或货币的增殖是这种资本的目的，而"为了再卖而买"是这种资本用以达到这一目的的形式。

"所有的商人都具有普遍的特性：他们为转卖而买。"（《关于财富的形成和分配的考察》，载于 1766 年欧·德尔新编《杜尔哥全集》1844 年巴黎版第 1 卷第 43 页）

另一方面，剩余价值在这里似乎纯粹是在流通中产生的，因为商人卖的价钱比买的价钱贵，或者他买的价钱比卖的价钱便宜（他低于商品的价值购买，并按商品的价值或高于商品的价值出售，或者是他按商品的价值购买，但高于商品的价值出售）。买者向某一个人购买商品，再把它卖给另一个人，对于这一个人来说他代表货币，对于另一个人来说他代表商品，并且，当他重新开始运动时，他同样是为买而卖，但是他购买商品，从来不是把商品本身作为他的目的，所以后一个运动只替他充当［I—12］前一个运动的中介。他在买者和卖者面前交替地代表着流通的不

---

① 商业资本和生息资本。——编者注

同方面（阶段），他的全部运动是在流通中进行的，或者更确切地说，他是运动的承担者，是货币的代表，就象在简单商品流通中完全一样，全部运动似乎是从流通手段即作为流通手段的货币出发的。商人只是商品在流通中必须经过的各不同阶段之间的中介人，因而也只在现有的两端之间，即代表现有商品和货币的现有卖者和买者之间起中介作用。因为这里没有任何其他的过程加入流通过程，所以，商人交替地通过卖和买（因为他的全部活动都可归结为卖和买）得到的剩余价值（利润），即他投入流通的货币或价值的增殖，似乎纯然是由于欺骗了轮流同他打交道的对方，是由于非等价物的交换，因此，他从流通中取出的价值总是大于他投入的价值。可见，他的利润，即他投入交换的价值为他生产的剩余价值，似乎纯然来自流通，因而只是由与他打交道的当事人所受的损失构成的。

实际上商人财产完全可以通过这种方式产生，在工业不发达国家之间从事转运贸易的商业民族，大多是通过这种方法发财致富的。商人资本能够在那些处于社会生产和社会经济结构的极不相同阶段上的国家之间起作用。这就是说，它能在没有资本主义生产方式的国家之间起作用，可见，在资本的主要形式得到发展以前，商业资本早就已经发生作用了。但是，如果商人获得的利润，或者说商人财产的自行增殖，不能单纯由商品所有者的欺诈行为来说明，也就是说，如果发生的不只是以前存在的价值额的另一种分配，那么，这种自行增殖显然只能由那些并不是在这种财产的运动中，不是在它的特殊的职能中出现的先决条件来说明，而这种财产的利润即这种财产的自行增殖只表现为一种派生的形式，必须到别处去寻找它的来源。相反地，当孤立地考察这种财产的特殊形式时，正如富兰克林所说的，商业必然表现为纯粹的欺骗，如果是等价物相交换，也就是说商品按其交换价值进行卖和买，商业看来是根本不可能的。

"在不变的等价物支配下，贸易是不可能的。"（乔·奥普戴克《论政治经济学》1851年纽约版第67页）

[因此，恩格斯在《德法年鉴》（1844年巴黎版）上所刊载的《政治经济学批判大纲》中，试图说明交换价值和价格的区别时，也用了与此相似的见解：只要商品按照它的价值进行交换，商业是不可能的。]

资本的另一种形式同样是古老的，这种形式形成了关于资本的普遍的概念，这就是放债取息的形式，即生息的货币资本形式。这里我们看到的不是G—W—G的运动，即先用货币交换商品，再用商品交换更多的货币，而只是G—G这一运动的结果。货币交换更多的货币。货币返回到它的起点，但是数量增加了。如果本来是100塔勒，那么，现在就是110塔勒了。以100塔勒表现的价值保存下来而且增殖了，也就是说，创造了10塔勒的剩余价值。几乎在所有国家和任何历史时期，不管社会生产方式多么低级，社会经济结构多么不发达，我们都会看到生息货币，产生货币的货币，即形式上的资本。

资本的这一方面，在这里比在商人财产上更清楚地表现了资本的概念。[I—13]（希腊人的 κεφάλαιον 在词源上也就是我们的资本。）这就是说，价值本身所以会自行增殖，创造剩余价值，是由于它作为价值，作为独立的价值（货币）预先就已经存在（进入流通），也就是说，价值之所以被创造出来，它所以会保存并增殖只是因为价值是预先存在的，价值作为价值，作为自行增殖的价值发生作用。这里只要指出下面几点就够了（这几点在别的地方还要回过来再谈）：

第一，如果货币作为资本在现代词意上被贷出，那么，这就意味着：货币即一定的价值额潜在地是资本，也就是说，借到货币的人能够或者将要把货币作为生产资本，作为自行增殖的价值来使用，而且必须把由此创造的一部分剩余价值，付给那个把货币作为资本借给他的人。可见，在这里生息的货币资本显然不仅仅是资本的派生形式，一种特殊职能的资本，而且意味着资本已经得到了充分的发展，因此，现在一定的价值额——不论它是货币形式还是商品形式——可以不作为货币和商品贷出，而作为资本贷出，从而资本本身能够作为一种特殊的商品投入流通。在这里资本已经事先并且完全成为货币或商品的指数，总之成为价值的指数，所以，资本能够作为这种自乘的价值投入流通。因此，在这个意义上，生息的货币资本已经是以资本的发展为前提的。资本关系在它能够以它的特殊形式出现之前必须已经完全形成。在这里，价值自行增殖的本性作为同价值连生在一起的东西事先就已存在了，因而一定的价值额能作为自行增殖的价值，以一定的条件出售即出让给第三者。同样，这时利息也就只是表现为剩余价值的一种特殊形式和分支，剩余价值后来分为构成各种不同收入的不同形式，如利润、地租、利息。因而，关于利息大小等等的一切问题，也就是现有的剩余价值如何在不同类的资本家之间进行分配的问题。在这里，一般形式的剩余价值的存在是前提。

要使货币或商品，使一定的价值额能作为资本贷出，资本必须在下面这种程度上事先成为特殊的自乘的价值形式：就象货币和商品对于资本来说是物质要素一样，在这里，资本的价值形式事先就是货币和商品共同的固有属性，因而货币或商品能够作为资本转交给第三者，因为商品或货币作为资本不是在流通中发展起来的，而是作为现成的资本，可能的资本，作为也具有特殊的转让形式的特殊商品，才能投入流通的。

因此，在资本主义生产本身的基础上，生息资本表现为派生的、第二级的形式。

第二，就象一般货币表现为资本形成的起点一样，生息货币表现为生息资本的最初的形式，因为价值首先在货币中获得独立的存在，因而，货币的增加首先表现为价值本身的增加，而货币是一种尺度，最初用以衡量所有商品的价值，后来用以衡量价值的自行增殖。这样，货币能够为生产的目的而贷出，也就是说，在形式上作为资本贷出，虽然资本还没有支配生产，还并不存在资本主义生产，也就是说，并不存在严格意义上的资本——不论是奴隶制基础上的生产，还是超额收益归地主所有（如在亚洲和封建时期），还是手工业或农民经济等等。可见，这种生息货币资本形式，如同商人财产一样，并不取决于生产阶段的发展（唯一的前提是商品流通已发展到货币的形成），因此，在历史上，这种资本形式在资本主义生产发展以前就出现了，在资本主义生产的基础上它只构成派生的形式。就象商人财产一样，生息资本只需要是形式上的资本，是具有这样一种职能的资本，它在资本支配生产以前就能以这种职能存在，而只有支配生产的资本才是历史上特殊社会生产方式的基础。

[I—14]第三，货币（正如商品一样）也可以为了买而被贷出，但不是为了生产地使用它们，而是为了消费，花掉。在这种情况下，不会形成剩余价值，只会发生现有价值的重新分配，转移。

第四，货币可以为了支付而被贷出，可以作为支付手段而被贷出。如果货币用于偿还消费债务，那么，这就同第三点所说的一样，所不同的只是，在第三点，借入货币是为了购买使用价值，而在这里是用来支付消费了的使用价值。

但是支付也可以是资本流通过程所需要的行为。贴现。对这种情况的考察属于信用学说。

说了这些题外话后，再回到本题。

在研究资本时重要的是要牢牢地记住：作为我们出发点的唯一的前提，即唯一的材料，是商品流通和货币流通，是商品和货币，而个人只是作为商品所有者相对立。第二个前提是，商品在流通过程中所经历的形式变换只是形式上的，这就是说，任何形式的价值始终不变，商品一次作为使用价值存在，另一次作为货币存在，但它的价值量没有改变，因而，商品是按照它的价值，按照它所包含的劳动时间来买卖的，换句话说，只是等价物相交换。

诚然，如果考察一下 W—G—W 形式，那么，价值在这种形式中也保存了自己。价值先以商品形式存在,然后以货币形式存在,最后又以商品形式存在。例如,一吨铁的价格3镑,然后这3镑就作为货币存在,最后又作为价格3镑的小麦存在。3镑的价值量在这个过程中被保存下来,但是小麦现在作为使用价值却脱离了流通,进入消费,从而这个价值就消失了。虽然在这里,当商品处于流通中时,价值被保存下来,但这只是形式上的表现而已。[I—14]

选自《马克思恩格斯全集》第47卷,北京:人民出版社1979年版,第16—32页。

第十二项
关于恩格斯的传记条目

一

恩格斯,弗里德里希,1820年11月28日生于巴门。曾从事商业,1837年到1841年,最初在巴门,而从1838年起在不来梅营业所里见习。1841年至1842年作为志愿兵服役一年之后,1843年进入他父亲在曼彻斯特开的商行,在那里工作到1844年。1845年到1848年,他有时住在布鲁塞尔(同卡·马克思一起),有时住在巴黎;1848年到1849年5月,在科伦的《新莱茵报》工作。1849年6月和7月,他作为维利希志愿部队的副官参加南德起义。然后,他再次短时间地逗留伦敦,1850年返回他父亲在曼彻斯特的商行工作，最初是当职员，从 1864 年起当股东。1869年他永远退出商界。从 1870 年 9 月起居住伦敦。

在他的著作中我们列出以下数种：

《政治经济学批判大纲》（载于卢格和马克思出版的《德法年鉴》1844 年巴黎版（第 1 和 2 期）第 86—114 页；1890—91 年《新时代》第 9 年卷第 1 卷第 236 等页转载）。

（与卡·马克思合著）《神圣家族，或对批判的批判所做的批判。驳布鲁诺·鲍威尔及其伙伴》。弗·恩·和卡·马·。1845年美茵河畔法兰克福版。

《英国工人阶级状况》。1845 年莱比锡版（1887 年纽约英文版）。

（与卡·马克思合著，未署名）《共产党宣言》。1848 年伦敦版（还有法文版、西班牙文版、意大利文版、丹麦文版、俄文版、波兰文版、英文版）。

1848—1849 年科伦的《新莱茵报》和 1850 年伦敦的《新莱茵报。评论》的编辑之一和主编（代替马克思）

（未署名）《波河与莱茵河》。1859 年柏林版。

（未署名）《萨瓦、尼斯与莱茵》。1860 年柏林版。

《普鲁士军事问题和德国工人政党》。1865 年汉堡版。

《德国农民战争》。（据《新莱茵报。评论》排印。）共出三版，1875 年在莱比锡出最后一版。

《论住宅问题》。三个分册，1872 年莱比锡第 1 版，1887 年苏黎世第 2 版。

《论俄国的社会问题》。1875 年莱比锡版。

（未署名）《德意志帝国国会中的普鲁士烧酒》。1876年莱比锡版。

《行动中的巴枯宁主义者。关于西班牙起义的札记》。1873年莱比锡版。

《欧根·杜林先生在科学中实行的变革》①。1878年莱比锡第1版，1886年苏黎世第2版。

《社会主义从空想到科学的发展》。1883年在苏黎世出第1、2、3版，1891年柏林正在印制第4版（还有法文版、俄文版、波兰文版、意大利文版、西班牙文版、罗马尼亚文版、荷兰文版、丹麦文版）。

《家庭、私有制和国家的起源。就路易斯·亨·摩尔根的研究成果而作》。1884年苏黎世版，1889年斯图加特第3版（还有意大利文版，罗马尼亚文版，丹麦文版；法文版正在印行中）。

《路德维希·费尔巴哈和德国古典哲学的终结》。1888年斯图加特版。

《俄国沙皇政府的对外政策》（载于1889—1890年《新时代》第8年卷第2卷；还有俄文版、英文版、法文版、罗马尼亚文版）。

关于法兰西内战②（载于1890—1891年《新时代》第9年卷第2卷第33等页）。

《布伦坦诺 contra 马克思。关于所谓捏造引文问题。事情的经过和文件》。1891年汉堡版。

---

① 《反杜林论》。——编者注
② 《〈法兰西内战〉一书导言》。——编者注

除此之外，他还为下列著作写了序言和前言：

I. 用德文写的：

卡·马克思《资本论》。第 1 卷 1883 年第 3 版；1890 年第 4 版（关于布伦坦诺的序言）。《资本论》。第 2 卷（关于洛贝尔图斯的序言）1885 年版。

卡·马克思《哲学的贫困》。伯恩施坦和考茨基的德译本 1885 年斯图加特版（关于洛贝尔图斯的序言）。

卡·马克思《在科伦陪审法庭面前》。（1849 年）1885 年苏黎世版（序言）。

卡·马克思《揭露科伦共产党人案件》。（1852 年）1885 年苏黎世版（引言：《关于共产主义者同盟的历史》）。

威·沃尔弗《西里西亚的十亿》。1886 年苏黎世版（导言：《沃尔弗传》和《关于普鲁士农民的历史》）。

西·波克罕《纪念德意志极端爱国主义者》。1888 年苏黎世版（引言：波克罕的传记）。

卡·马克思《雇佣劳动与资本》（导言）。1891 年柏林版。

II. 用英文写的：

卡·马克思《资本论》。赛·穆尔和爱·艾威林翻译，弗·恩格斯出版的 1887 年伦敦版（译文审阅并作序）。

卡·马克思《自由贸易》。1848 年在布鲁塞尔的演说。弗·凯利-威士涅威茨基夫人翻译。1888 年波士顿和伦敦版（关于自由贸易的序言，用德文载于《新时代》）。

弗·恩格斯《1844 年英国工人阶级状况》。弗·凯·威士涅威茨基夫人翻译。1887 年纽约版（序言和附录，后者还出版单行本：《美国工人运动》；《美国工人运动》1887年用德文在纽约发表；1887年用英文在伦敦转载。还用德文转载于《新时代》）。

二

恩格斯，弗里德里希，社会主义者，1820年11月28日生于巴门的殷实的工厂主家庭，原来准备进入商界，但在青年时代就通过撰文和演讲，宣传各种激进的和社会主义的思想。他在巴门当了一段时间的商行职员，1842年作为志愿兵在柏林服役，尔后到曼彻斯特工作了两年，他的父亲是那里的一家纺纱厂的股东。1844年，为阿·卢格和卡·马克思在巴黎出版的《德法年鉴》撰稿，1844年同年返回巴门，1845年出席莫·赫斯和古·克特根在爱北斐特组织的共产主义者会议演讲。直到1848年，轮流地居住布鲁塞尔和巴黎，1846年同马克思一起加入后来的国际的前身——秘密的共产主义者同盟，并代表巴黎支部参加1847年在伦敦召开的两次同盟代表大会。受同盟的委托，和马克思共同起草致"全世界无产者"的《共产主义宣言》①，二月革命②后不久便问世（1872年莱比锡新版）。1848年和1849年，恩格斯在马克思于科伦主编出版的《新莱茵报》工作，该报被禁后，他在1850年还为《政治经济评论》③写文章。他曾参加爱北斐特、普法尔茨和巴登的起义并作为维利希志愿部队的副官进行了巴登—普法尔茨进军。巴登起义被镇压后，恩格斯作为政治流亡者回到

---

① 马克思和恩格斯《共产党宣言》。——编者注
② 法国1848年二月革命。——编者注
③ 《新莱茵报。政治经济评论》。——编者注

英国并于1850年再次进入他父亲在曼彻斯特的商行。脱离这个职业（1869年）之后住在伦敦。他支持自己的朋友马克思为发展从1864年登上舞台的国际工人运动和社会民主主义宣传而进行的活动。恩格斯在国际总委员会中担任意大利、西班牙和葡萄牙的书记。他代表马克思的共产主义，反对"小资产阶级的"蒲鲁东主义，以及虚无主义的巴枯宁无政府主义。他的主要著作是《英国工人阶级状况》（1845年莱比锡版；1892年斯图加特新版）。这部著作虽有片面性，但具有无可争辩的科学价值。《欧根·杜林先生在科学中实行的变革》（1886年苏黎世第2版）是他的较大的论战性著作。后来还出版下列著作：《路德维希·费尔巴哈和德国古典哲学的终结》（1888年斯图加特版），《家庭、私有制和国家的起源》（1892年斯图加特第4版），《社会主义从空想到科学的发展》（1891年柏林第4版）。除此之外，恩格斯还为卡尔·马克思的《资本论》第2卷和第3卷和第1卷的第3版和第4版的出版做了准备工作；他还是《新时代》上许多文章的作者。

选自《马克思恩格斯全集》第50卷，北京：人民出版社1985年版，第530—535页。

参考文献

著作类:

[1]《马克思恩格斯全集》,北京:人民出版社1996年版。

[2]《马克思恩格斯文集》(第1卷),北京:人民出版社2009年版。

[3]《马克思恩格斯文集》(第2卷),北京:人民出版社2009年版。

[4]《马克思恩格斯文集》(第3卷),北京:人民出版社2009年版。

[5]《马克思恩格斯文集》(第4卷),北京:人民出版社2009年版。

[6]《马克思恩格斯文集》(第5卷),北京:人民出版社2009年版。

[7]《马克思恩格斯文集》(第6卷),北京:人民出版社2009年版。

[8]《马克思恩格斯文集》(第 7 卷),北京:人民出版社 2009 年版。

[9]《马克思恩格斯文集》(第 8 卷),北京:人民出版社 2009 年版。

[10]《马克思恩格斯文集》(第 9 卷),北京:人民出版社 2009 年版。

[11]《马克思恩格斯文集》(第 10 卷),北京:人民出版社 2009 年版。

[12]《马克思恩格斯选集》(第 1 卷),北京:人民出版社 2012 年版。

[13]《马克思恩格斯选集》(第 2 卷),北京:人民出版社 2012 年版。

[14]《马克思恩格斯选集》(第 3 卷),北京:人民出版社 2012 年版。

[15]《马克思恩格斯选集》(第 4 卷),北京:人民出版社 2012 年版。

[16]《资本论》(第 1 卷),北京:人民出版社 2004 年版。

[17]《资本论》(第 2 卷),北京:人民出版社 2004 年版。

[18]《资本论》(第 3 卷),北京:人民出版社 2004 年版。

[19]《资本论》(第 4 卷),北京:人民出版社 2004 年版。

[20] 列·伊利切夫等:《弗里德里希·恩格斯》,北京:人民出版社 1984 年版。

[21] 恩格斯:《国民经济学批判大纲》,何思敬译,北京:人民出版社 1951 年版。

［22］《列宁专题文集（论马克思主义）》，北京：人民出版社 2009 年版。

［23］曼弗雷德·克利姆：《马克思文献传记》，郑州：河南人民出版社 1992 年版。

［24］［苏］阿伊·马雷什：《马克思主义政治经济学的形成》，成都：四川人民出版社 1983 年版。

［25］［苏］列·阿·列昂节夫：《恩格斯在马克思主义政治经济学形成和发展方面的作用》，北京：中国人民大学出版社 1982 年版。

［26］［苏］卢森贝：《十九世纪四十年代马克思恩格斯经济学说发展概论》，北京：生活·读书·新知三联书店 1958 年版。

［27］［苏］卢森贝：《政治经济学史》，北京：生活·读书·新知三联书店 1959 年版。

［28］［苏］维戈茨基：《〈资本论〉创作史》，福州：福建人民出版社 1983 年版。

［29］［苏］阿·伊·马雷什：《马克思主义政治经济学的形成》，成都：四川人民出版社 1983 年版。

［30］［苏］维戈茨基：《〈资本论〉创作史》，福州：福建人民出版社 1983 年版。

［31］［英］特雷尔·卡弗：《马克思与恩格斯：学术思想关系》，北京：中国人民大学出版社 2008 年版。

［32］THIRSK J. *The Agrarian History of England and Wales Vol. IV. 1500–1640*. Cambridge：Cambridge University Press，1967.

［33］［法］奥古斯特·科尔纽：《马克思恩格斯传》，北京：

生活·读书·新知三联书店1963年版。

[34][美]莱文：《不同的路径：马克思主义与恩格斯主义中的黑格尔》，北京：北京师范大学出版社2009年版。

[35][美]约瑟夫·熊彼特：《经济分析史》（第1卷），朱泱等译，北京：商务印书馆1996年版。

[36][美]约瑟夫·熊彼特：《经济分析史》（第2卷），朱泱等译，北京：商务印书馆2001年版。

[37][美]约瑟夫·熊彼特：《经济分析史》（第3卷），朱泱等译，北京：商务印书馆1995年版。

[38][日]山之内靖：《受苦者的目光：早期马克思的复兴》，北京：北京师范大学出版社2009年版。

[39][俄]捷·伊·奥伊泽尔曼：《马克思主义哲学的形成》，北京：生活·读书·新知三联书店1964年版。

[40][德]瓦·图林舍雷尔：《马克思经济理论的形成和发展》(1843-1858)，北京：人民出版社1981年版。

[41][德]马·克莱恩：《马克思主义哲学史》，北京：中国人民大学出版社1983年版。

[42][德]弗·梅林：《德国社会民主党史》（第1卷），北京：生活·读书·新知三联书店1963年版。

[43][德]图赫舍雷尔：《马克思经济理论的形成与发展》(1843—1858)，北京：人民出版社1981年版。

[44]戚国淦、陈曦文：《撷英集——英国都铎史研究》，北京：首都师范大学出版社1994年版。

[45]张一兵：《回到马克思——经济学语境中的哲学话语》，

南京：江苏人民出版社 1999 年版。

［46］朱传棨：《恩格斯哲学思想研究论稿》，北京：人民出版社 2012 年版。

［47］朱传棨等：《马克思恩格斯哲学思想比较研究》，郑州：河南人民出版社 1995 年版。

［48］马绍孟等：《恩格斯和马克思主义》，北京：中国人民大学出版社 1985 年版。

［49］徐琳：《恩格斯哲学思想研究》，北京：北京出版社 1985 年版。

［50］孙荣：《恩格斯和马克思主义》，哈尔滨：黑龙江人民出版社 2005 年版。

［51］黄楠森：《马克思主义哲学史（修订本）》（第 1 卷），北京：北京出版社 2005 年版。

［52］姜海波：《恩格斯〈国民经济学批判大纲〉研究读本》，北京：中央编译出版社 2014 年版。

［53］吴友法、黄正柏：《德国资本主义发展史》，武汉：武汉大学出版社 2000 年版。

［54］常青：《财产哲学研究》，桂林：广西师范大学出版社 2019 年版。

［54］常青：《中国传统财产哲学研究》，桂林：广西师范大学出版社 2019 年版。

期刊、学位论文类：

［1］马列：《恩格斯〈国民经济学批判大纲〉的研究》，黑

龙江大学硕士论文，2013年。

［2］张伟：《政治经济学批判与创新的天才大纲——读恩格斯〈国民经济学批判大纲〉》，载《思想政治教育研究》，2014年第6期，第46—48页。

［3］周嘉昕：《重访青年恩格斯的政治经济学研究——基于〈国民经济学批判大纲〉的考察》，载《厦门大学学报（哲学社会科学版）》，2020年第5期，第10—17页。

［4］唐永：《青年恩格斯人学批判视阈下的经济学理论原相——以〈国民经济学批判大纲〉和〈英国状况：十八世纪〉为例》，载《衡阳师范学院学报》，2015年第1期，第23—27页。

［5］谈罗秋：《〈国民经济学批判大纲〉对马克思主义政治经济学形成的影响》，载《岳阳师专学报》，1985年第1期，第5—11页。

［6］张当：《马克思恩格斯早期学术思想关系探析——从〈国民经济学批判大纲〉出发》，载《湖南工业大学学报（社会科学版）》，2017年第1期，第88—92页。

［7］马宁：《恩格斯早期政治经济学研究在马克思主义发展中的作用——以〈国民经济学批判大纲〉文本分析为例》，载《中共南昌市委党校学报》，2016年第6期，第7—10页。

［8］张雷声：《马克思主义经济思想史上的第一篇重要文献——读恩格斯的〈国民经济学批判大纲〉》，载《甘肃社会科学》，2014年第5期，第100—103页。

［9］魏泳安：《青年恩格斯的政治经济学批判思想及当代价值——基于〈国民经济学批判大纲〉的影响及内容的分析》，载

《当代经济研究》，2020年第4期，第24—31页。

[10] 晏湘涛、张华：《恩格斯〈国民经济学批判大纲〉中的科技思想探析》，载《佛山科学技术学院学报（社会科学版）》，2015年第5期，第25—30页。

[11] 刘畅、王蒲生：《恩格斯〈国民经济学批判大纲〉的科学技术思想及其当代意义》，载《当代经济研究》，第1—6页。

[12] 王力：《"天才大纲"的科学社会主义思想萌芽——恩格斯〈〈国民经济学批判大纲〉研究〉》，载《江西师范大学学报（哲学社会科学版）》，2020年第3期，第3—7页。

[13] 余斌：《〈国民经济学批判大纲〉的历史意义与当代价值——纪念恩格斯诞辰200周年》，载《当代经济研究》，2020年第4期，第5—10+113页。

[14] 薛加奇、吴昊：《〈国民经济学批判大纲〉对马克思主义政治经济学的贡献研究——纪念恩格斯诞辰200周年》，载《河北经贸大学学报》，2020年第5期，第10—17页。

[15] 齐航：《〈国民经济学批判大纲〉中的"批判"》，载《淮北职业技术学院学报》，2018年第3期，第15—17页。

[16] 霍冠锦：《恩格斯〈国民经济学批判大纲〉对资本主义私有制的批判》，深圳大学硕士论文，2020年。

[17] 李福岩：《恩格斯对马克思政治经济学研究的直接促发——基于〈国民经济学批判大纲〉的考察与评价》，载《改革与战略》，2020年第5期，第24—30页。

[18] 唐正东：《基于竞争的价值理论：青年恩格斯对政治经济学批判的初步探索——恩格斯〈国民经济学批判大纲〉中的价

值理论评析》，载《四川大学学报（哲学社会科学版）》，2019年第3期，第5—13页。

［19］许腾飞：《马克思主义经济思想史上第一篇创新的"天才大纲"——读恩格斯〈国民经济学批判大纲〉》，载《公关世界》，2020第12期，第156—157页。

［20］周露平：《青年恩格斯的经济哲学思想探析：以〈国民经济学批判大纲〉为个案》，载《云梦学刊》，2017年第2期，第87—94页。

［21］陈沛丽：《青年恩格斯对私有制的内在批判——基于〈国民经济学批判大纲〉核心经济范畴的考察》，载《宁夏党校学报》，2020年第3期，第34—40页。

［22］王冠珠：《恩格斯〈国民经济学批判大纲〉经济思想的历史影响与当代价值》，西安工业大学硕士论文，2021年。

［23］陈仕伟、郭梦瑶：《恩格斯〈国民经济学批判大纲〉的科学技术思想研究》，载《重庆三峡学院学报》，2022年第2期，第31—41页。

［24］朱晓彤：《恩格斯对财富与贫困关系的初步探索及其当代价值——基于〈国民经济学批判大纲〉的文本考究，载《理论界》，2022年第4期，第21—28页。

［25］蒋红：《论恩格斯对唯物史观创立的重要贡献——基于〈国民经济学批判大纲〉的文本研究》，载《马克思主义研究》，2022年第3期，第96—103+156页。

［26］姜海波：《论恩格斯对唯物史观形成的贡献——兼论《国民经济学批判大纲》的理论定位》，载《中共宁波市委党校学

报》，2020 年第 6 期，第 5—11 页。

［27］李锦涛：《论何谓马克思主义者的彻底批判——以恩格斯〈国民经济学批判大纲〉为例》，载《西部学刊》，2021 年第 2 期，第 27—29 页。

［28］朱成全、陈潇、董俊逸：《马克思恩格斯政治经济学批判思想的当代价值》，载《财经问题研究》，2021 年第 3 期，第 13—20 页。

［29］孙喜香、薛俊强：《青年恩格斯的政治经济学批判及其时代价值意蕴——基于〈国民经济学批判大纲〉和〈国民经济学批判大纲〉的考察》，载《经济学家》，2020 年第 12 期，第 24—32 页。

［30］黄学胜：《在差异中共进：马克思恩格斯早期思想关系——基于〈国民经济学批判大纲〉与〈国民经济学批判大纲〉的比较》，载《厦门大学学报（哲学社会科学版）》，2020 年第 6 期，第 1—9 页。

［31］林修能：《恩格斯关于竞争的哲学反思——对〈国民经济学批判大纲〉的考察》，载《北京科技大学学报（社会科学版）》，2021 第 6 期，第 614—621 页。

［32］《马克思恩格斯文集》第 1 卷，北京：人民出版社 2009 年版，第 56—86 页。

［33］张新光：《农业资本主义演进的法国式道路及其新发展》，载《学海》，2009 年第 2 期，第 104—111 页。

后 记

《〈国民经济学批判大纲〉句读》终于在桂林的酷热中完成，我总算松了一口气。作为余记，还有以下三点需要说明。

第一点，《国民经济学批判大纲》的研究仍然是一个潜力巨大的课题。相较于《〈黑格尔法哲学批判〉导言》《1844年经济学哲学手稿》《〈政治经济学批判〉序言》《共产党宣言》《资本论》等的研究，《国民经济学批判大纲》的研究成果少得可怜，国内国外的情况均是如此。另外，《国民经济学批判大纲》的研究成果中存在一些薄弱项。比如，《国民经济学批判大纲》的翻译、出版与传播等方面可资参考的材料寥寥无几。还有，人们不够重视《国民经济学批判大纲》的当代意义。历经多次综合，资本主义政治经济学已经演化为号称客观中立的西方经济学，但其基石仍然是《国民经济学批判大纲》所深刻批判和分析的基本范畴。只有在深入研究《国民经济学批判大纲》等著作的前提下，才能够剥开西方经济学经济人、数学公式、边际效用等外衣看到其本质,并洞悉西方治理、东方治理和全球治理的秘密。

第二点,《国民经济学批判大纲》的深层范畴是财产。毫无疑问,恩格斯《国民经济学批判大纲》的终极批判是私有制,但我们要注意,这里的私有制指的是资本主义私有制,而不是别的什么私有制。马克思在《共产党宣言》中说:"那种小资产阶级的、小农的所有制","用不着我们去消灭,工业的发展早就把它消灭了,而且每天都还在消灭它。"毋庸置疑,资本主义私有制是以资本这种财产为前提的。《国民经济学批判大纲》也是对资本主义政治经济学(政治经济学、国民经济学、经济学、西方经济学)的系统批判,而这整个体系的柱石当然就是财产。不但马克思用《资本论—政治经济学批判》的书名证明了这一点,马歇尔在其名著《经济学原理》也早就说过:"经济学的范围已经很广了;而财产概念的历史和法律根据是广大的课题,最好能在另外的书中讨论。"由经济学而上升到社会和上层建筑领域同样如此,其均以财产为深层范畴。恩格斯在《家庭、私有制和国家的起源》中深刻指出:"的确,一切所谓政治革命,从头一个起到末一个止,都是为了保护一种财产而实行的,都是通过没收(或者也叫做盗窃)另一种财产而进行的。所以毫无疑问,二千五百年来私有制之所以能保存下来,只是由于侵犯了财产所有权的缘故。"

第三点,《〈国民经济学批判大纲〉句读》运用了财产哲学方法。财产哲学认为:"财产是人的影响范围",这是对中西经典,尤其是对马克思恩格斯著作进行系统研究后得出的结论,有别于通俗研究中把财产当作"客体一类的东西"。财产哲学设定了三种模型——"三维财产模型""财产层次模型"和"财产转换模型",第一种模型用于掌握财产的共性,第二种模型用于理解财产的个性,第三种模型用于理解财产的发展。在财产哲学方法的视域中,私有制、私有财产、私有财产的权力、工资、外化劳动、工人本身、资本、商品、土地、工业、分工、交换、市场、竞争、垄断、价值、货币、利息、利润、价格、资本家是同一的。马克思在《1844年经济学哲学手稿》指出:"私有财产是外化劳动即工人同自然界和自身的外在关系的产物,结果和必然后果。……与其说私有财产表现为外化劳动的根据和原因,还不如说它是外化劳动的结果,……后来,这种关系就变成相互作用的关系。……私有财产一方面是外化劳动的产物,另一方面又是劳动借以外化的手段,是这一外化的实现。"他从资本财产的角度揭示了整个政治经济学范畴的生发演化过程及其体系。当然,这是更深的哲学研究,感兴趣的读者也可以参看我的著作《财产哲学研究》《中国传统财产观研究》《财产哲学观与货币形态的变化》等。

最后,我要感谢韦冬雪常务副院长给予我机会去撰写《〈国民经济学批判大纲〉句读》,感谢本书的编辑们认真卓越的工作,还要感谢徐之璐、朱芹莉、梁法林、邓正霞、李菁婷、蓝彩凤、陈智婷、唐艳娜等学生做出的重要贡献。

希望《〈国民经济学批判大纲〉句读》能够为《国民经济学批判大纲》以及马克思主义理论的传播和研究提供一些新的启示!

常青
2022年8月于桂林